U0723687

璞润爸爸的
镜子育儿法

[韩] 崔熙树 著　　孟锐涵 译

台海出版社

北京市版权局著作合同登记号：图字 01-2021-3447

푸름아빠 거울육아
Copyright © 2020 by Heesu Choi
All rights reserved.
Simplified Chinese copyright © 2021 by Beijing Adagio Culture Co. Ltd.
This Simplified Chinese edition was published by arrangement with The Korea Economic
Daily & Business Publications, Inc. through Agency Liang.

图书在版编目（CIP）数据

璞润爸爸的镜子育儿法 /（韩）崔熙树著；孟锐涵
译 . -- 北京：台海出版社，2021.12
　ISBN 978-7-5168-0722-4

　Ⅰ . ①璞… Ⅱ . ①崔… ②孟… Ⅲ . ①儿童教育—家
庭教育 Ⅳ . ① G782

中国版本图书馆 CIP 数据核字（2021）第 198297 号

璞润爸爸的镜子育儿法

著　　者：［韩］崔熙树　　　　　　译　者：孟锐涵

出 版 人：蔡　旭　　　　　　　　选题统筹：邵　军
责任编辑：曹任云　　　　　　　　策划编辑：张志元

出版发行：台海出版社
地　　址：北京市东城区景山东街 20 号　　邮政编码：100009
电　　话：010-64041652（发行，邮购）
传　　真：010-84045799（总编室）
网　　址：www.taimeng.org.cn/thcbs/default.htm
E - mail：thcbs@126.com

经　　销：全国各地新华书店
印　　刷：北京旺都印务有限公司
本书如有破损、缺页、装订错误，请与本社联系调换

开　　本：880 毫米 ×1230 毫米　　　1/32
字　　数：180 千字　　　　　　　　印　张：8.5
版　　次：2021 年 12 月第 1 版　　　印　次：2022 年 2 月第 1 次印刷
书　　号：ISBN 978-7-5168-0722-4

定　　价：49.80 元

版权所有　　翻印必究

推荐语

我正在养育自己的孩子，之前孩子哭的时候，我会很烦躁地训斥他。但是读了《璞润爸爸的镜子育儿法》这本书之后，我会对孩子这样说："尽情地哭吧，发火吧，原来是伤心了呀，好的，都表达出来吧，真棒。"孩子之前由于看父母眼色而压抑着的情感就都发泄了出来。因为我知道孩子发泄怒气是一种改善自我情感的信号，所以就算他把家里搞得一团糟我也很开心，因为只有这样，孩子的情感才能得到治愈。

就像无论怎么电闪雷鸣，最后总会天晴一样，爱最终一定会到来。因为知道了这一点，所以我的内心很平静。通过《璞润爸爸的镜子育儿法》这本书，我知道了家是世界上最安全的地方，在这里无论流露出什么样的情感都不会被抛弃，家就是充满爱的地方。感谢崔熙树所长，他花费了三十五年时间，研究如何治愈受伤的"内在小孩"。正是得益于此书，我才能松一口气，活得像个人了。

——［韩］金赛海，《用想象把梦照进现实》作者

"妈妈，你哭了吗？""嗯……对不起，河恩……因为妈妈，你很辛苦吧？""哎呀，没有啦，没关系。我知道你是因为爱我。"这家伙十八年来一直充当妈妈的镜子，内心变得千疮百孔，为什么他的内心这么坚硬又这么柔软，书里面都谈到了。

读完这本书，我理解了和孩子在一起的时候，无数次在"地狱和天堂"之间游走的时刻。恐惧源于无知。这本书是给纷杂的育儿难题，提供的一份完美的答卷。有了这本书，我就无所畏惧了。我甚至觉得非常惋惜——这么好的书为什么才出版？有了这本书，妻子、孩子和丈夫都能获得新生。新生儿妈妈看到这本书，肯定也会爱不释手的。

——［韩］金善美（河恩妈），《读书育儿 18 年》作者

抚养了三个孩子的普通全职妈妈怎么能够做到拥有几套房产，同时又是畅销书作家和播音员呢？2007 年，我接触到了璞润教育，

它使我成长为天才，即成为具有无限潜能的人。我发现，就像所有的孩子都是天才一样，我也是一个具有无限可能的人。虽然很多时候我很辛苦，也很害怕，但是所长和代表的演讲以及指导，让我克服重重困难，站到了这里。令人感到惊奇的是，这一本小小的书，竟然包含了通过长期反复的试错和努力学习所获得的成长秘密。读了这本书，任何人都会选择追求无穷的爱与财富，所以，我向大家强烈推荐这本书。

——〔韩〕金宥拉，《相较于超市，我选择不动产》作者

十三年前，璞润爸爸将两万本书送到延边，成立了一个名为璞润读书社的图书馆。现在规模扩大，改名为"璞润家庭教育馆"，用于宣传璞润教育。

《璞润爸爸的镜子育儿法》，以璞润家庭教育观为中心，一定会给孩子带来成长的春天。

——朴海兰，中国璞润家庭教育机构创办人

序言

治愈是观点的改变

孩子的心灵是玲珑剔透又十分纯粹的，可以像镜子一样投射出父母被压抑的情感和心理创伤。因为被压抑的情感已经在潜意识里根深蒂固，所以家长自己并不能感觉到它的存在。

我们从被孕育的那个瞬间开始到出生，然后一直到现在，所有记忆都保存在潜意识里面。虽然我们自己无法想起这些回忆，但是当我们成为父母，有了孩子之后，就能够明白自己的幼年时期是如何度过的。在抚养孩子的过程中，如果容易动怒，或者不能去爱孩子原本的样子，那就意味着在我们的记忆深处，有着没能被治愈的伤痛。

孩子可以完全像镜子一样投射出父母曾经经历过的创伤。我们存在的根源是爱。爱是生命，高贵且庄重。体会过爱的人都懂得这一点。爱无法被证明，却有目共睹。

父母的精子和卵子完成结合我们才能出生，而我们父母的出生，又源自祖父母的结合。

一片树叶想要落下，需要有风的吹拂。而风的出现，则需要地球的转动。地球想要转动，就需要维持一种平衡。现在可以理解这句话了吧——我们存在的根源，就是对生命的爱。该发生的事情让它自然发生，不去限制它，爱自然就会产生。

我们的"相信"虽然可以被感知，但很难被证明。如果说理性思考是一种意识行为，那么情感就是潜意识；如果冰山露出的一角是意识，那么隐藏在下面的就是潜意识。理性思考作为一种意识行为，和潜意识中的情感相碰撞时，情感的力量相对来说会强大许多。如果人被情感所束缚，那么他的理性思考会瞬间停止。

从小被家暴的人会下定决心不打自己的孩子。但在某一瞬间，儿时挨打的身体记忆会从潜意识中涌现出来，会不知不觉中就对孩子动手。身体的记忆会不假思索立即做出反应，回过神来后，又会自问"像我这样的人真的配做妈妈吗"，从而产生罪责感，十分痛苦。虽然想用理性思维和意志去控制自己的行为，但是如果超出可控范围就会重演悲剧。

人的情感大致可以分为两类——爱和恐惧。爱包括了平静、愉悦、自由、幸福，是一种积极的、高意识水平的情感。恐惧包括了羞耻感、罪责感、无力、悲伤、欲望、愤怒、自负，是一种消极的、低意识水平的情感。

人会相信自己眼里看到的世界。这种"相信"是情感的证人，其实，有时候世界并非我们看到的样子。如果父母去爱孩子原本的样子，那么孩子就会受到父母的影响，坚信自己也可以去爱别人，孩子的眼里就会充满爱。因为孩子本身就具有爱的特性——高贵和庄重，所以言语和行动总是高贵和庄重的。孩子会知道自己拥有爱，而爱则会越分享越多。自己没有的东西是无法跟别人分享的。如果自己拥有了爱，那么会觉得别人也是如此。自己高贵而且庄重，看别人也会觉得高贵、庄重。爱不分彼此，都是相互一体的。

　　西格蒙德·弗洛伊德能够拥有给予他关怀备至的爱的父母，是非常幸运的。但不是所有人都这么幸运。

　　如果父母的内心充满恐惧，用自己内心的恐惧去影响孩子，孩子就会认为自己是不起眼的、毫无用处的。在孩子的眼里，世界也被恐惧淹没。在这充满恐惧的世界里，"你拥有了就意味着我的被抢走了，你赢了就是我输了"，是充满着输赢的斗争场地。相互之间的比较以及别人的评价，都会让人内心不安。竞争、罪与罚以及死亡在支配着生命。在被恐惧支配的世界里，总是会有隔阂、差距产生。

　　因为每个人所相信的不同，所以看到的世界也会有很大的差别。之前人们相信地球是平的，所以在出航时不会去很远的地方，怕自己会死在遥远的地方。相信自己会对玫瑰过敏的人，即便是看到纸叠的玫瑰，也会出现过敏现象。人会根据自己所相信的来选择并采取相应的行动。

我们来到这个世界是为了学习。世界就像一所学校，我们在这里一边生活，一边增强对自己的认知。我们所相信的，其实就构成了自己。人有一个弱点，那就是无法区分真实和虚假。如果人的左右脑尽情发挥想象，就感觉不到幻想和现实之间的差异。

孩子会从父母不经意间所说的话和行动中嗅到父母内心的恐惧，会因此相信自己是无足轻重、毫无用处的人。他不会试图去分辨自己所相信的是否真实，只会带着这种相信继续生活。

如果用关怀备至的爱抚养孩子成长，那么孩子强烈的爱之光就会照亮父母身上的阴影。爱和恐惧是抽象的，所以我用比较浅显易懂，能够感知到的光和阴影来做比喻。爱是光，恐惧是阴影。恐惧是本就不存在的虚像，阴影只存在于语言中。事实上，光照不足的状态就可以称之为阴影。

作为父母，如果选择用关怀备至的爱去爱孩子原本的样子，那么阻挡这种爱的所有障碍物就会自动在意识中浮现。孩子强烈的爱之光可以照亮父母自己都没能发现的内心阴影。如果孩子两岁，父母就能看到自己两岁时处于第一反抗期的"内在小孩"的创伤。创伤就是指内心的阴影。如果孩子5岁，父母就能够看到自己在5岁时因为遭遇挫折而受到的伤害。

我们都会拥有两次人生。第一次是被父母养育的人生，第二次是在抚养孩子时被重新滋养的人生——这是一个寻找真实的过程。因为恐惧是虚假的，所以称之为"虚像"。因为虚像没有实体，当你去面对它的时候，它就会消失。"恐惧"只会让人在经历它之前感到害怕，真正经历之后反而不觉得有什么。爱是实体，当你去面对它时，它的体积就会变大。当光照进来时，黑暗就会立即消失。

如果在养育孩子的过程中动怒，那就说明孩子的行为触及了你的伤口。当我们感知到这一点之后，在保证安全的情况下直面愤怒，用身体去感受、去体验这种愤怒，就会明白爱从一开始就在原处——就像晴朗的天空不会因为被云遮盖而消失，等云都散去，晴朗的天空就又自动浮现出来了。

所谓治愈，就是从相信恐惧到相信爱的转变过程。在养育孩子的过程中动怒，是开始变化的信号，是值得祝福的事情。从恐惧到爱的转变过程被称为"成长"。

我在过去的二十四年间，发表了超过 5000 次的演讲，见到数十万家长实践璞润教育，给予孩子关怀备至的爱。他们中的一些人忠实地实践着这种教育理念，培养出了理性和感性和谐统一的人才，并对我表达了深深的感谢。但是，就像有的种子在沃土中生长一样，也有无数种子掉落在石子地里或者草地上，逐渐停止了成长。

在过去的十年里，我苦恼于究竟要用什么样的教育，才能让孩子和父母可以享受幸福的生活，在这段时间里我自己也获得了成长。我懂得了通过关怀备至的爱，可以让孩子和父母一起成长。现在我想和大家分享我的"成长经验"。

通过璞润教育，可以把孩子培养成兼具诗人的感性和科学家头脑的幸福型人才，同时父母也能得到情感治愈和成长，达到内心深处的安宁。我将过去二十四年间璞润教育的成果整理成此书出版。

　　希望看到这本书的读者们，可以有清楚的自我认知，愿你们的世界充满光明，愿你们所有人幸福。

崔熙树

目录

01

第一章

**抚养孩子
为什么这么难**

悲伤和愤怒 / 003

孩子会投射出妈妈的悲伤 / 003

孩子会投射出妈妈的愤怒 / 005

动怒的点 / 008

动怒是因为被戳到了伤口 / 008

很难对孩子表示欢迎和祝福 / 010

孩子不吃饭 / 013

孩子不睡觉 / 019

无法称赞孩子 / 022

孩子像个"傻瓜"一样 / 027

孩子哼哼唧唧会让人发疯 / 033

想要打孩子的时候 / 039

02

第二章

**醒悟和面对：
认识创伤，和情感
进行对话**

醒悟：认识潜意识里的创伤 / 045

结束内在的不幸　/ 045

只有通过投射才能看到被压抑的愤怒　/ 048

面对：认识潜意识中的情感 / 052

重新认识冻结的情感　/ 052

面对的现场　/ 055

释放愤怒的方法　/ 060

不是我的错　/ 065

防御机制 / 071

第一防御层：否认、压抑、投射　/ 072

第二防御层：角色　/ 075

第三防御层：性格　/ 077

哀悼失去 / 080

03

第三章

**成长：
自我认知的过程**

意识指导 / 085

自我 / 100

富有 / 105

健康 / 111

夫妇有别 / 115

04

第四章

孩子的成长要遵循固定的法则

从孕育到出生：孩子需要受到欢迎 / 125

我亲爱的孩子，欢迎你来到世上 / 125

未婚先育的父母 / 127

在想要儿子的家庭里作为女儿出生 / 128

就像宽恕孩子那样宽恕作为母亲的自己 / 130

从出生到 18 个月：形成依恋的时期 / 133

孩子是高贵又庄严的 / 133

分离不安和爱恋 / 136

被抛弃的记忆 / 138

18 ~ 36 个月：第一反抗期 / 142

"讨厌，我不要""这是我的""我要做" / 142

对象常性 / 147

羞耻心 / 149

兄弟姐妹之间 / 154

36 ~ 72 个月：全能的自我占据优势的无法

无天时期 / 164

我是王！ / 164

罪责感 / 167

俄狄浦斯情结 / 169

想象力 / 172

05

第五章

通过读书培养具有无限潜能的孩子

读书是育儿的重中之重 / 177

亲近时期：和书变得亲近的阶段 / 186

玩耍时期：和书一起玩耍的阶段 / 195

沉浸时期：沉浸于图书的阶段 / 205

自主时期：独立阅读的阶段 / 213

06

第六章

**用关怀备至的
爱抚养孩子长大**

所有的孩子天生具有巨大的能量 / 223

游戏，网络视频 / 233

关怀备至的爱 / 238

结语　**我们的本性是爱** / 251

第 一 章

抚养孩子
为什么
这么难

悲伤和愤怒

如果你从父母的眼神中看到了燃烧着的愤怒，在这种环境下畏畏缩缩地长大，就会下定决心用和父母不同的方式抚养自己的孩子，因为不愿给自己的孩子也带来这种恐惧。但是后来你会惊讶地发现，不知不觉地，自己的眼神中和父母一样燃烧着怒气。

孩子会投射出妈妈的悲伤

为什么抚养自己深爱着的孩子这么困难呢？为什么对别人可以很亲切，却动不动就对自己的孩子发火呢？这是因为在我们的潜意识中住着一个受伤的"内在小孩"。

所谓受伤的"内在小孩"是指：从父母那里得不到认同，自己也无法认同，只能在潜意识中以阴影的形式存在的欲求和情感。受伤的"内在小孩"如果得不到治愈就不会消失。而且潜意识里没有时间和空间的区分，所以受伤的"内在小孩"是超越时空的存在。

"内在小孩"之所以受伤，是因为得不到父母的认同。举例来说，如果孩子哭了，对此感到不适的家长会说："停！不要哭了！"孩子就会停止哭泣。从此之后孩子会觉得哭泣是一件很羞耻的事情，会忍着不哭泣。那么没能发泄的情感到哪里去呢？它会被原封不动地压抑在潜意识里。

人在生孩子之前都不会和这种悲伤的情感有交集。身体的各种防御机制会帮助你逃避直面这种情感。但是有了孩子之后，父母就被逼到了死胡同里，无法继续逃脱。

有一些孩子特别爱哭。无论怎么哄，他都不会停止哭泣。能够获得别人理解的孩子不怎么容易哭，即便哭也是暂时的，哭完了，负面情绪都发泄出来之后，就会忘记这回事，开心地玩耍。但是，**如果妈妈的内心充满悲伤，孩子会在这种悲伤消失之前一直哭泣**。

孩子一哭，就会唤醒妈妈潜意识中被压抑着的悲伤。妈妈懂得了要对孩子感同身受之后，会对他说："原来我家孩子很悲伤呀，好的，想哭就尽情哭吧。"但是妈妈的眼神不对，语调也不对，那是因为在妈妈的潜意识里，还是会对孩子的哭泣感到不舒服。她内心的真实想法是："哎呀，真烦，不要再哭了，差不多就行了，还想怎样啊。"

妈妈在孩子哭的时候，来不及抚慰自己的情绪，当然也做不到对孩子感同身受。孩子感觉不到妈妈的关心，自然想要博得关注——哪怕是负面的关注，所以就又开始了哭泣。

对于以阴影形式存在的欲求和情感，无法在意识中探寻到它们的踪迹，但是可以从孩子身上发现端倪。孩子最值得妈妈信赖，和妈妈关系最亲密，无论妈妈做了什么，孩子依然会爱自己的妈妈。所以孩子会代替妈妈把这些情感展现出来。如果妈妈的悲伤被压抑，成了潜意识中的阴影，无法在意识中寻找到它的踪迹，孩子会像镜子一样投射出妈妈儿时的悲伤。

孩子什么时候会停止哭泣呢？

怀着对妈妈的爱来到这个世上的孩子，会在妈妈把自己的悲伤都发泄出来之后停止哭泣。对于没能够处理好儿时的悲伤，一直带着这种情感的妈妈，孩子会对她说："妈妈，尽情地哭吧。"

❦ 孩子会投射出妈妈的愤怒

小的时候对自己的父母有所畏惧，我们是不敢生气的。"生气"作为一种守卫自己底线的情感，不会持续发作一分钟以上。如果它的存在超过了一分钟，就演变成一种"持久的生气"——愤怒。

人在欲求没有得到满足的时候就会生气，生气的时候如果能够得到理解，怒气会很快消失。生气是一种情感能量，是能够消解掉的。但如果孩子的父母特别严格，让人觉得害怕，孩子就不敢发泄自己的怒气，怒气就会被压抑在孩子的潜意识里。

易怒人群分为两种：一种是任何人都能够看出来他们在生气；另一种则是完全压抑自己的愤怒，看起来像是完全不会生气的、非常和善的人。前一种人会到处泄愤，而后一种人总是面无表情，也没有任何活力。因为他们把全部的力气都花在了压抑自己的愤怒上，在生活中就无法开心起来。同时这种人也很容易产生恐惧，总觉得别人似乎会伤害自己，但事实正好相反。这种恐惧的根源其实是害怕无法控制自己因过于愤怒而想去伤害他人、攻击他人的欲望，所以他们会避开和其他人的接触。

有的孩子会帮助自己的妈妈，把她们被压抑的愤怒表现出来。有的妈妈会这么说："我们家孩子总是在我觉得辛苦的时候做那些欠打的事儿。"

孩子做这些事情的原因是什么呢？真的是欠打吗？

当妈妈被压抑着的愤怒值上升，开始变得愤怒的时候，孩子会立即感知到，并且去帮妈妈泄愤。不明白这一点的妈妈会大声喊着"你气得我没法活了"，然后开始训斥孩子。一场骚动过后，妈妈的愤怒值就会变低。如果妈妈的愤怒值再次升高，孩子就会再次捣乱，循环往复。

有的孩子会有暴力倾向，他们会殴打别人。但是他们并不是随意打人，是想通过这种方式和别人建立某种联系。所以会对一些像自己一样孤独或者是经常受到责备、看起来畏畏缩缩的人不知不觉举起拳头。因为他们在那些人身上看到了自己的创伤，为了逃避内心的创伤而动手打人。

因为习惯于压抑自己愤怒的妈妈在孩子生气的时候，无法给予理解，同时害怕给予孩子理解之后，自己内心被压抑着的愤怒反而会先爆发，所以会回避孩子的情感。

在这种情况下，孩子通常会做出两种行为。

有一些孩子会一直维持愤怒的状态，直到妈妈潜意识里的愤怒都得到释放。如果妈妈能够知道这一点，顺利释放掉自己潜意识中的愤怒，那么孩子也就不会再有怒气。当妈妈内心的愤怒消失后，爱就会自然地浮出来，就会和孩子产生情感上的联系。孩子就不需要通过撒泼耍赖或者使用暴力来博得关注。

与此相反，有一些孩子比较善良，和妈妈一样选择了压抑自己的愤怒，这样妈妈就没有机会释放自己内心的愤怒。而被压抑的愤怒，则会通过这种方式延续至下一代人身上。

动怒的点

♫ 父母在抚养孩子的过程中易怒是常见之事，不生气的人太少了。

❦ 动怒是因为被戳到了伤口

动怒的时候要记下自己是在什么情况下生气的，这样就能发现其中固定的模式。在抚养孩子的过程中能发现自己动怒的点是一种能力。动怒的点对应的就是自己需要医治的伤口，伤口治愈之后，人就可以得到成长。

通过精神分析，对梦进行解析，在自由联想的过程中找到已经遗忘的幼年伤痛，来对它进行治愈也是不错的选择，但这会花费很长时间。而在抚养孩子的过程中，父母想去爱孩子原本的样子，这种包容心会让父母直面恐惧，治愈伤口。也就是说，在抚养孩子的过程中，父母的生命也会再次得到滋养，会意识到自己曾经缺失了什么。

人只会把怒气发泄到对自己来说很安全的人身上，所以很多人在外面很和善，一旦回到家就容易动怒。那么，对于一个人来说，最安全可靠也不容易背叛自己的人是谁呢？答案就是自己的孩子和伴侣。

不管在什么样的家庭，都会有这样一种人。我的母亲常常称父亲为"给过路的乌鸦也会买酒喝的人"。在外面，父亲是安分守己的好人。就算是穷到只有一套西服，也会借给朋友，而借了西服的朋友则没了踪影。即便如此善良的人，一旦喝了酒，就会大喊大叫摔东西，殴打妻子。

我从小在这种环境中长大，现在听到有人大声说话就会紧张。最近演讲比较多，我经常会在餐厅吃饭。有些人说话声音高一些，我会不自觉地回头看他们是否在争吵。其实大家虽然嗓音很高，但同时笑得也很愉快。

动怒的时期会随着孩子的成长而变化。妈妈对漂亮可爱的孩子动怒后会自责，"妈妈怎么可以对孩子生气呢"，但是怒气确实存在。这是很自然的事情，所以没必要自责。相比之下，生气的时候应该去回顾它和自己幼年时期有何种关联。

每个人动怒的点不太一样。有的妈妈在有了孩子之后无法欢迎并祝福孩子的到来；有的爸爸会在孩子不吃饭的时候动怒。有些妈妈会在孩子不想睡觉的时候生气；也会有妈妈在和不洗头、不刷牙的孩子进行拉锯战的时候怒气爆发；有的爸爸为孩子不爱和他人打招呼而生气；还有父母因无法忍受孩子哼哼唧唧而大声呵斥。

孩子咬手指和出现抽动症会让妈妈觉得心理不适，而和孩子一起玩会让妈妈心累。在孩子要求妈妈给自己读书的时候，一些妈妈在某种程度上可以接受，一旦超过自己的承受范围，就会忍不住发火。在教孩子文字或者数字的时候，如果教了好几遍孩子还搞不清楚，妈妈就会突然生气。

家长在孩子上学之前把他抚养得好好的，在孩子到了该入学的年纪，就开始担心他会不会被孤立。如果看到自己的孩子和其他人不合拍，总是小心翼翼的，话也不多，这时家长就会督促他多说些话。看到孩子动作慢，家长会生气，孩子把东西弄乱之后不收拾，替他收拾的时候家长也一定要埋怨两句。有的妈妈会在学校成绩出来之后和孩子发生冲突。也会有父母在只有一个孩子的时候可以养得很好，但有了两个孩子之后，育儿就变得吃力起来。妈妈总是会担心这个，担心那个。

❧ 很难对孩子表示欢迎和祝福

当孩子来到这个世上时，如果觉得很难对他表示欢迎和祝福，就有必要回顾一下自己来到这个世上是否受到了欢迎和祝福。孩子来到世上，并不是一种偶然，是父母的结晶。

妈妈可能由于意外怀孕，临时准备结婚。也有可能为了摆脱令人厌烦的原生家庭，在冲动之下结了婚，婚后与丈夫不断地发生冲突，意外地发现自己怀了孕。

有的妈妈为了让自己的丈夫欢心，想要生下儿子，却在原本女儿就比较多的家庭里又生下了女儿。或者与此相反，在原本儿子比较多的家庭里，想要女儿却生下了儿子。如果孩子在小时候听到过类似"由于妈妈是高龄产妇，没办法流产，只能把你生下来"这种话，孩子会如何认知自己的存在呢？无论属于上述哪种情况，孩子都是在无法获得欢迎和祝福的情况下出生的。

虽然我们可以认为孩子是无法知晓妈妈是以何种心情生下自己的，但是通过脐带和妈妈的身体连接在一起的孩子，会在潜意识中感知到妈妈的心境。接受相关指导之后就会知道——这些记忆虽然在意识中无法找到，但是都被储存在潜意识中。虽然大脑不能识别它们，但是身体却能够感知到。

有一个爸爸性格很安静，他说话轻声细语，动作也很温柔。这个爸爸出生在儿子多的家庭里，他经常挂在嘴边的话是："我还不错吧。"当然，他并没有意识到自己有这样的语言习惯。之所以向亲近的人不断询问自己是否是个不错的人，可能是因为自己的出生没有受到妈妈的重视。因为如果妈妈不重视孩子，孩子就会在茫茫然中不安。

我在进入自己的内心世界之前，和璞润妈妈吵架生气时会说："你如果像我妈妈那样带孩子，就算是已经放弃孩子了。"

璞润妈妈就会生气地质问我，她明明没有放弃过孩子，我说的这叫什么话。

我后来通过内心省察，意识到自己为什么会把这些话挂在嘴边。是因为在幼儿时期，被妈妈抛弃的经历让我受伤，这个伤口被压抑在我的潜意识里。

创伤会在日常生活里反复出现，一直到它得到理解和治愈为止。有些爸爸会出现一些幻觉，感觉自己好像被卷进了深深的泥潭，在生活中带有强烈的不安感。他们接受指导后会充分感知到自己的悲伤和愤怒，然后脑海中会浮现出一幅画面，自己突然被鲸鱼吃掉，进入一个黑漆漆的地方，然后被水卷走，被吸入不知是何处的黑暗之中。这时，如果问"这是哪里呀"，就会有人回答："是妈妈的肚子里。"

　　自己的出生受到妈妈的期待和欢迎的人，在妈妈的肚子里，孩子就会安宁。但是在想要儿子的家庭里，如果以女儿的身份出生，或者在想要女儿的家庭中以儿子的身份出生，此后就会降低自己的存在感。

　　有这样一个妈妈，她性格活泼爱笑。她在结婚之后生下第一个儿子，但是她不重视自己的儿子，她自己无论如何也想不明白这是为什么。在有了第二个孩子的时候，她明白了胎教的重点是要欢迎孩子的到来和祝福自己的孩子，但她依然很难以欢迎的心态去迎接和祝福孩子。

　　期待孩子降临的父母，如果问他们在孩子出生之前做了哪些和孩子相关的梦，孩子在成长过程中说了哪些话，做了哪些事情，他们会一五一十地都说出来。因为这些父母想和他人分享养育孩子是多么幸福的过程。但是也有父母在孩子问这些的时候心不在焉，甚至都记不起自己具体是如何欢迎孩子的到来，如何爱孩子的。

🌱 孩子不吃饭

有一个爸爸在社会上堪称精英。他的职务要求他即便是在极端情况下，也要完成自己的工作任务，所以他的耐心和节制力都很强。这个爸爸无论多么困倦，只要孩子要求他给自己念书，就会微笑着给孩子念书。他在方方面面实践着自己关怀备至的爱。但只有一点，只要孩子不吃饭，他就无法忍受。

"治愈受伤的'内在小孩'"的演讲可以让听众感知到自己小时候被压抑的情感。听众如果不举手，我们就不会主动点他的名。但是这个爸爸举起了手，璞润妈妈就把他请上了舞台。

"孩子不吃饭的时候，你会有什么感觉呢？"

在交谈的时候提问者会使用非敬语，只有这样，被询问的人才能放下戒心，能够马上把无意识中出现的画面用语言表达出来。

"会生气。"

"想象自己完全没有接触过关怀备至的爱，展示一下自己真正的怒气。"

这个爸爸用冷静的语调开口。

"快吃饭。"

"不是这样的，假装没有人在看着你，表现出你在家对待孩子的样子。"

"吃饭，我说让你吃饭，快吃，快吃。"

这个爸爸的声音越来越大，被怒气支配。愤怒就像是从内心深处升起的火团，让他身体发抖，大声喊着。他在一瞬间成了愤怒本身，像野兽一样怒吼。

　　"我在你这个年龄，爸爸妈妈离婚了，就算是后妈给我馊饭，我也什么都不说就吃掉了。现在好饭好吃的给你端到面前你都不吃？"

　　如果自己的内心没有创伤，孩子吃不吃饭，自己都会坦然接受。在人类历史上，比起可以饱腹的年代，饿肚子的时期更长，所以我们的身体进化得非常强大，即便只吃少量的食物也可以维持很长时间。就像如果光运动不节食就很难达到减肥的效果一样。我们即便是走上8千米的路程，也消耗不完一碗炸酱面提供的热量。特别是孩子，根本吃不了多少，他们只会吃自己喜欢的食物。但是观察孩子一个月吃的食物，就会发现孩子是在均衡摄取身体所需要的物质。在物质丰足的今天，没有理由担心孩子营养不良。

　　孩子如果肚子饿了自己就会吃饭，如果肚子不饿，妈妈让他吃饭他会怎么办呢？他会听妈妈的话。但同时需要否认自己身体发出的信号。情感是感受的组合，如果无法感知情感，就无法知道自己喜欢什么、讨厌什么。情感是采取行动的判断依据。

　　人活在世上，可能会遇到危机情况。在这种时候，情感没有被压制的人会相信自己的感觉，直观地采取行动避免危机。但是从小否定自己感觉的人，大概率会不知所措，从而陷入危机。人的意识是不会轻易改变的。

不会说话的孩子如果发现自己好奇的东西，他会哼哼唧唧地用手指着让你和他一起去，忙于打电话聊天的妈妈会直接用奶瓶塞上他的嘴。也有妈妈会在孩子觉得无聊的时候让他口含安抚奶嘴。**如果孩子以这种方式长大，那么，每当他感知到某种情感的时候，就会用食物来代替。**

　　我曾经得过糖尿病。因为我一年要做一百多次演讲，会参加很多聚会，发表很多言论，所以经常会感到疲惫。当时觉得身体疲惫是因为营养不足，于是会不断吃东西，然后体重突增，最后被诊断得了糖尿病。

　　想要治好糖尿病就不能发胖。而如果想要减肥，就要从潜意识里去找让自己发胖的原因。妈妈所说的话会让孩子在潜意识中深信不疑。

　　我通过内心省察认识到自己的糖尿病和幼年时期被抛弃的经历有关。我并不是因为身体劳累才吃很多食物，而是在太阳落山的时候会想起妈妈，内心觉得空虚，想用食物来填补这种空虚。其实是在用食物代替情绪的表达。

　　我尽情地哭泣、发泄愤怒，同时安慰受伤的"内在小孩"，放走自己心中牵挂着的妈妈。在这之后，我就能够准确区分是因为肚子饿吃东西，还是因为空虚吃东西。就不再贪食，控制饮食对我来说也变得简单起来。我变得像孩子一样，肚子饿就会吃东西，肚子不饿就不吃。我现在还维持着年轻时最好的身材，糖尿病也消失了。

　　也有孩子无论如何都不肯吃饭。如果喂他吃饭，他只会把饭含在嘴里。不管是喂他吃可以让他增强食欲的补药，还是给他换一种主食，又或是小菜也换成他喜欢吃的种类，又是油炸，又是蒸煮，但他依然不吃饭。不断哄他，对他生气又埋怨，但喂一勺饭还是很费劲。不仅如此，妈妈精心准备的食物他不会吃，而妈妈不让吃的点心、白砂糖、巧克力、冰激凌他却很爱吃。对于这样的孩子，妈妈往往忍着忍着就会周期性爆发怒气。

在上述情况下，妈妈和孩子之间就会展开较量。孩子觉得自己除了吃之外也不会做别的，所以就用食物来反抗。如果妈妈不强制孩子吃东西，不给他情感上的压力，孩子就不会和妈妈进行这种较量。如果给他自由选择的机会，那么两周岁之前的孩子便会能吃多少就吃多少。同时眼睛和手的协调能力也会见长，妈妈也不必担心孩子的吃饭问题了。

如果担心孩子会吃点心和糖果，那就不要在家里放这些食物。如果把诱惑放在家里，让孩子去忍受这种诱惑，那孩子得多辛苦啊。把当季的水果或妈妈想给孩子吃的零食放在家里，孩子想吃的时候就可以吃，那孩子就会自己调节。但如果只是让孩子看到食物，而不让他吃，那么这些食物对于他来说就会成为特别的存在。越不让他吃，他想吃的欲望就越强。

有些妈妈会限制孩子吃冰激凌。如果孩子一直闹着一直纠缠，妈妈没有办法，只能一点一点给他吃，孩子就会无休止地讨要。

后来某一天，妈妈停止了和孩子之间的较量，允许孩子尽情吃冰激凌。孩子吃到胃胀，乃至吐了出来。这样吃够了之后，他就会停止吃冰激凌，就算是在冰箱里看到冰激凌，他也不会去吃。

孩子不吃饭对于妈妈来说为什么是很大的问题呢？妈妈要去发现自己在潜意识中所相信的是什么。

如果在幼年时期听到过不吃饭就长不高这样的话，家长就会担心孩子像自己一样，不吃饭也会长不高。虽然有意识地给孩子传递的信息是多吃饭才会长高，但孩子首先接收到的信息，其实是妈妈内心真正的想法："不吃饭就会像我一样矮。"

孩子所吃的食物对孩子而言已经很充足了。在吃的方面，如果没有来自妈妈的压力，孩子就可以自由地去尝试食物，让味觉更加灵敏。

吃东西和生存的相关性很强，如果"自我"能够相信自己就是生存的主体，那么仔细查看自己的身体，就能够知道"自我"是如何运行的。如果自己出生后没有得到父母的重视，没能被好好喂养，或者父母因为忙没能好好给自己准备食物，那么就会纠结吃饭的问题。

有一个妈妈不管怎么运动，怎么减肥，都不能把体重控制在所定的标准之下。这是因为她深信减肥超过某个标准，身体就会变弱、得病，乃至死亡。所以，她需科学地"减"，这样肥肉才能被减掉，人变得苗条起来。变得苗条之后，胃会变小，人的感觉也会变得细腻。这个妈妈体重变轻之后，精神也变得饱满起来，但依然经常担心自己会再次变胖。后来，她发现在潜意识中，自己小时候忍饥挨饿，所以"为了活下去，一定要吃东西"。当时没有被满足的欲求和情感被充分地抚慰之后，那种害怕自己长胖的不安感才消失。而且知道即便再次发胖也可以通过调节饮食来减掉体重，她可以有意识地做出这种选择。

我在演讲的时候，曾经向这些妈妈提问："孩子是害怕被妈妈打呢，还是害怕妈妈不给饭吃呢？"

挨过打的人会说害怕挨打，而因为妈妈不在身边而挨过饿的人则会说孩子害怕饿肚子。

孩子虽然挨打，但还是知道父母不会真的狠心把自己打死。但是不吃饭真的会死。因为贫穷而饿肚子的人，或没有妈妈的人，或虽然有妈妈但没有被妈妈好好照顾而饿肚子的人，如果他们自己的孩子不吃饭，他们就会在潜意识中回想起自己小时候的经历，所以他们总是想要多喂一些饭给孩子。

小时候我家里特别穷，经常挨饿。曾经听妈妈说过，有一次因为家里没有吃的，一家人连续饿了三天。可能是因为这样，从未因为其他事情生气的我，只要看到璞润妈妈好像没有好好喂孩子，就会不知不觉地生气。

璞润妈妈很会看眼色，会在我快要到家的时候，把家里的小菜都搜罗出来喂孩子。辣椒酱、大酱，她把冰箱里不吃的小菜都拿出来，让食物看起来很丰盛，但我丝毫不介意她是故意的。只是觉得璞润妈妈准备的食物很丰盛，孩子吃得很尽兴，我为此感到高兴和感激。

如果一个女人的妈妈很早之前就去世了，她从小就要一个人照顾自己的饮食，那么她照顾自己孩子的饮食也可能不容易。住在自己心里的"内在小孩"会想要吃自己妈妈准备的热气腾腾的饭。如果她的丈夫知道这一点，哪怕是只有一次，能够尽心给妻子做一顿饭，妻子也会觉得满足。就算是厨艺生疏，做得不好吃也没关系。只有"内在小孩"的欲求得到满足，妈妈才能用一种愉悦的心态去照顾孩子的饮食。

🌱 孩子不睡觉

虽然婴儿好像一天二十四个小时都在睡觉，但是觉得世界很美好的婴儿睡的觉并不多。当给他读书的时候，孩子会全身心投入。读完一本书，在妈妈把手伸向另一本书的间隙，他就睡着了。孩子耗尽自己所有的能量之后才会进入深度睡眠。早上醒来的时候又是精力充沛，父母完全跟不上孩子的精力。

如果孩子不睡觉，妈妈会担心孩子长不高，误以为傍晚的时候不睡觉生长激素分泌得就会比较少，会影响发育。特别是如果父母个子不高，就会更加上心。实际上生长激素会在进入睡眠两小时之后开始分泌。明明不想睡觉，却要强行入睡，没有比这更痛苦的事情了。在幼儿园里，所有人都要在规定的时间入睡，这对于那些对世界还充满了兴趣，很有精神的小朋友来说，是一件很困难的事情，毕竟困的时候睡觉才符合道理。成年人晚上时不时也会在没有睡意的时候，通过服用安眠药才能让自己入睡嘛。

让我们用常识来思考一下：如果孩子让父母给他读书，父母给他读了之后，孩子会心满意足地睡去，相比于为了让孩子早点睡觉而骂他，孩子被骂后哭着睡去，哪种情况下生长激素会分泌得更好呢？

功能决定构造。意思是说在建造工厂时，会根据它所需要的功能匹配相应的构造。我们的身体构造也是根据左右脑的功能来生长的。举重选手和迅捷灵敏的乒乓球选手的肌肉走向会有不同。得了小儿麻痹症的孩子大部分身材都比较矮小，这是由于左右脑的部分功能有缺陷，相对应地，身体也没办法长高。人的身高会受到遗传很大的影响。但是遗传只可以决定身高的上限和下限，身体最终会长到多高还要看具体的成长环境。

父母会不自觉地把自己童年的经历施加到自己孩子身上。有一个接受璞润教育的妈妈说可以忍受孩子的一切，唯独受不了孩子不睡觉。

这个妈妈在接受了我们的指导之后，终于发现了一些端倪。她小的时候父母做泡菜生意，当她凌晨还在酣睡时，就会被爸妈喊起来一起去市场。她从来没有说过"妈妈，我不要，我想再睡一会儿"，觉得自己一直处于睡眠不足的困倦状态。由于有这样的经历，当她看到孩子很晚了还不睡觉的时候，怒气就会涌上心头。

认清自己儿时因无法睡足而被压抑的情感后，这个母亲才坦然地看待孩子不按时睡觉这件事情。

孩子在白天活动时可能会受到伤害或者感到有压力，让孩子在睡前能够有时间和母亲面对面哭诉是有益的。问一问孩子："今天有什么难过的事情吗？"如果孩子说"嗯，没什么事"，那就可以准备睡觉了。如果孩子说"妈妈，今天有这样那样难过的事"，妈妈应该说"难过就哭出来吧"。孩子会在母亲面前边哭泣边完成自我治愈，之后会睡得特别安稳。如果没有经历这种治愈的过程，而是将受到的伤痛转变为压抑的情绪，孩子睡觉时会做很恐怖的梦。

杂念源于情感，夜晚就会多梦，并浮现出与情感相关的画面，即便睡眠时间比较长也会觉得疲倦。父母的体力比不上孩子的原因是父母在潜意识里有很多被压抑的情感，常常会不自觉地紧张、挣扎。无论做什么事情，用于应对被压抑的情感的能量比实际做事情使用的能量更多。通过查看白天时的面容与夜间熟睡时的面容有何差别，就会推测出用于自身防御的能量有多少。

孩子受到的伤害被压抑成愤怒之后，会患上夜尿症。不被认同、无法发泄的愤怒会在人夜间熟睡时，因防御机制的松懈开始无意识地释放情感，表现形式即为夜尿症。这并不是孩子故意的行为，而是在孩子睡觉过程中不自觉发生的，所以妈妈对此不能说什么。

如果父母不重视孩子的诞生，那么这个孩子会为了不给妈妈添麻烦而总是处于睡眠状态。我有两个姐姐，因为家里喜欢男孩，所以作为家里的长子，我是十分受欢迎的。大姐虽然是女孩，但因为是第一个孩子，所以也获得了很多宠爱。但我曾听母亲说在二姐出生时父亲对母亲有所怨恨，二姐变得不受欢迎。

"你二姐小时候一直在睡觉，有时候真害怕她没气了，总是会去看她一下。"

二姐总是因为做错事情被打骂，成了处于逆机能家庭环境中家人排解负面情绪的出口。所谓逆机能家庭指作为家庭的脊柱——父母无法做好自己的角色，导致孩子去承担相应的责任来维持家庭。二姐最终变得坚强，无论做什么都会认真努力，直到获得成功，并对此孜孜不倦。这是因为她内心不安，想要用外界的成功来掩盖内心的无力。

无力有两种类型。一种是自身觉得羞耻，觉得自己是个罪人，导致不敢尝试任何事情。这种情况下，人会在白天靠着意志力来积极行动，夜晚回到家会觉得筋疲力尽，一点都不想动。在外人看来他脸上一直挂着微笑，但无法感受到真正的开心。

另一种无力是在治愈的过程中产生的。用哭泣和愤怒来面对羞耻心和负罪感时在潜意识中被压抑的情感会消散。所以应该接受这种感觉，好好休息。之后多哭几次，无力感就会消失，会想做之前由于恐惧而没能去做的很多事情。枯木若想开花，前提之一就是接受雨水的滋润。由于抑郁、无力，连饭都不想吃的人，一旦哭过之后就会开始吃饭。

孩子睡觉晚，导致第二天上学迟到，这是孩子自己的责任。应该告诉孩子要对自己的选择负责。如果孩子上学迟到，就会发生被批评这样不愉快的经历，这样孩子会自然地能够早睡早起。如果妈妈每天都大喊大叫让孩子起床，孩子会认为早起上学不是自己的责任而是妈妈的责任。

❧ 无法称赞孩子

称赞就是对孩子做的事情表示认可。对孩子尝试的过程而不是结果表示认同，孩子就会不惧结果，勇于尝试。

"尝试一个人做完这些，你也很开心吧？看你在做的时候高兴的样子，妈妈也很高兴。"

孩子希望看到妈妈微笑的样子，妈妈幸福了，孩子就会觉得幸福。孩子会倾尽全力让妈妈幸福。

但是有些父母会担心，孩子尝试做了某件事情并且成功了，如果去称赞他，孩子会自满，所以不会极力称赞孩子。而孩子会以为是因为自己做得不够好，所以才没办法获得妈妈的称赞的。孩子会抱着"如果我做得更好，给他们一个惊喜，应该就会被称赞了吧"的想法更加努力，但是得到的反馈依然是让他不要自满，要更加努力。

这样的事情反复发生，孩子就会感到厌倦，会在无意识中建立起防御机制。因为知道在父母面前说什么都一样，所以不会在父母面前表达自己的想法了。例如，有一些学生明明学习很努力，但是会对别人说自己没怎么学，这些人是在畏惧结果。他们觉得，如果自己不努力学习，但成绩依然很好，别人会觉得自己本来就是一个很优秀的人，就算成绩不好，也是理所当然的结果，从而将别人对自己的失望降到最低。这也是为了避免妈妈不满意自己的样子，避免自己对自己失望而建立的保护层。

有些妈妈在孩子取得了好的成果之后，会在别人面前称赞孩子，说孩子和自己一样优秀。但真的到了孩子面前，却并不会对孩子努力的过程进行赞扬，或者对此表示欣慰。这样一来，孩子就会相信自己的开心是建立在他人的评价之上的。在任何情况下，他人都能左右自己的心情。

这种孩子虽然会在学校努力拥有好的成绩，但是同时他们也知道，即使自己做到了，也并不能让妈妈满意。他们甚至想让妈妈对自己不抱期待，对自己说："你也就这样了，我还有什么好期待的。"而且当孩子维持在这个水平，妈妈就不会特别失望，同时会有一种自己比孩子要强的满足感。让孩子不要骄傲自满这句话的真实意思是"不要用你的光来照亮我内心的阴影"。

孩子就算是取得了最好的成果，也只会为自己努力获得了成功而感到开心，而不会从和他人的比较中获得快乐。**如果没有办法很自然地称赞孩子，就要回顾一下自己童年时期是否从父母那里受到了相似的伤害。**

有一个小女孩儿，无论她做什么，妈妈都不称赞她。当她成为妈妈之后，不想让自己的孩子像自己一样，于是努力地想要去称赞自己的孩子。她的孩子在所有方面都很优秀，并且有所成就，却患上了抽动症。因为孩子的症状，妈妈深深自责。觉得是自己做错了什么，孩子才会这样，为此很痛苦。

有一天她去学校开家长会，遇到的人都在称赞她怎么能把孩子养得那么好。但是这个妈妈依然不能真正地为此开心。因为孩子在上台讲话的时候提到"我妈喜欢手游"，这句话让她很在意，在她的脑子里一直挥之不去。

"璞润爸爸，为什么孩子在很多人面前说我喜欢玩游戏会让我觉得丢人呢？"

璞润教育研究所的会员们都会称呼我为璞润爸爸。

"并不是孩子让你难堪，是因为孩子对你很信任，他说话才没有顾忌。"

"但提到自己妈妈的时候，不应该只说一些赞扬的话吗？"

"如果这样，孩子隐藏起来的东西会变多了，会开始怀疑自己的情感。"

我对孩子妈妈说："跟我说，我就是会玩游戏的妈妈，这又怎样呢？"

然后我问她的童年是怎样的，这个妈妈瞬间就变得怒气冲冲。

"我妈妈只会觉得自己厉害，无论我做什么都会受到指责，一次都没有夸过我。"

"你现在对自己的孩子不也是这样吗？"

"什么？我在努力称赞他呀。"

"你所说的努力，其实就是有意识地、强行去做。当你妈妈指责你的时候，你也相信了自己的确不怎么样，没有用处，现在虽然你想努力称赞自己的孩子，但是孩子只会相信妈妈眼里的自己的样子。"

这个妈妈流露出不可思议的表情。

"你家孩子虽然无论做什么都会得到妈妈语言上的鼓励，但是因为妈妈不笑，表情看起来也不够幸福，所以孩子会感到不安。孩子咬手指，出现抽动症，其实是想缓解自己的不安。不要对孩子这些行为过分在意，只需要去爱孩子原本的样子。丢掉认为自己是毫不起眼的、没有用处的想法，去相信自己的存在是高贵而又庄重的，这样才能做到真正地去称赞孩子，和孩子共享喜悦。并不是因为孩子做出了成绩而称赞他，而是要去感谢他的存在，为能够互相陪伴而感到开心。"

这通谈话之后没过多久，这个妈妈的面容就变得明媚了起来。人如果放下因为小时候受伤害而产生的愤怒，面容就会变得丰富而又灿烂起来，面部会散发出光泽。他人看了也会觉得这个人变漂亮了。

"璞润爸爸，感谢您，我们家孩子的抽动症好了。"

"哇，看你这么开心我都很开心！"

不是说赞扬能让鲸鱼跳舞吗？我们并不是为了要掌控孩子而称赞他，而是要对孩子的行为进行肯定。如果孩子想刷牙，妈妈就应该在旁边做出示范，同时把牙刷给他。

"吃饭之后刷牙，口腔里就不会有食物残渣，这样牙齿才能健康，可以尽情吃好吃的。看着哦，像这样上下刷牙，要好好刷牙床，舌头也要刷一下哦。"

孩子会模仿妈妈刷牙。如果孩子尝试着去刷牙，要真心去称赞他。因为孩子是在克服恐惧，挑战自我。虽然刷牙只是一件很小的事情，但是这样的经历多了之后，可以带来整个人生方向的改变。为了让孩子刷牙，强迫他张开嘴，孩子会很抗拒。因为张嘴的动作会带给他不舒适感。

牙齿可以充分展现生活的痕迹。我小时候没能学习刷牙的方法，所以会往左右两边刷牙，这样刷了数十年之后，牙齿的上端都坏掉了。加上小时候家里特别穷，一直咬紧牙关生活，槽牙都受到了损伤，必须种植牙齿才行。

当初我事业失败之后，没有停止去尝试其他的事业。刚开始做璞润教育的时候，不管别人怎么说，我坚持了二十多年，从未改变自己的想法。回想起来，妈妈曾经是对我有过称赞的。大学的时候，我曾经偶然听到爸妈的谈话。

"老公，熙树真的是只继承了你和我的优点呢。"

我不管做什么，都不觉得自己会失败。没有什么是做不成的，只有因为害怕而不敢去尝试。不管做什么，只要用心尝试着去做，很快就会成功。

小的时候，如果我抓了鱼回家，妈妈总是会很开心，给我们做辣汤喝，从来不会骂我，不会说因为有腥味就让我把鱼扔掉，而让我把衣服换下来。我在小学二年级的时候，还把抓到的鱼带到集市上去卖，用这些钱和姐姐参加了学校组织的春游。当时从妈妈那里得到的赞扬和感谢一直被我记在心里，在我觉得疲惫和劳累的时候给予我安慰。

多称赞孩子吧，这样孩子会成长得很好。**对孩子的称赞，从深层次来看，其实是自己心里的"内在小孩"想要听到的赞扬。**

❀ 孩子像个"傻瓜"一样

很多妈妈坚信，如果孩子小的时候阅读比较多，在他上学之后，成绩自然就会很好。因为在抚养孩子的过程中，妈妈自己获得了一定程度的成长，就算孩子学习成绩不是很理想，家长也会按照这种观念坚定不移地培养孩子。不过，一旦孩子的成绩变得特别差，妈妈对自己的信任感就会坍塌，会变得不安起来。

学习成绩算什么呢？几分之差就能让家长的心里七上八下。本来希望孩子幸福就好的家长，一旦看到孩子的成绩，就无法维持平静。在内心里总是想把他和其他孩子进行比较。如果孩子得了 100 分，看到孩子考了高分之后开心的样子，父母并不会表现出开心，而是会问道："你们班有多少孩子得了 100 分呀？"

如果妈妈会因为孩子的学习成绩而生气，那就要去观察一下自己的潜意识深处是否住着一个"傻瓜小孩"。

有一个妈妈在小的时候经常挨打，她的妈妈让她去冰箱里面拿东西，如果她找不到，她妈妈就会用刀背敲她的头。如果她在学校的成绩不好，她妈妈会用脚踹她的脸。

每次因为成绩不好挨骂挨打的时候，她都会想自己以后不能这样对待自己的孩子。但是当自己的孩子上学之后成绩不好时，她却会重复自己的父母过去对她的行为。她因为不想让孩子经历自己曾经的遭遇，会不自觉地给他施加学习上的压力，想让孩子变得更好。因为不知道要怎么做才能让孩子喜欢学习，给予孩子和他能力匹配的挑战，只能延续自己父母过去的行为。

"傻瓜小孩"是我们都具有的原形。如果父母没有通过日常生活中的语言和行为告诉孩子："你是高贵且庄严的，是爱的化身"，孩子就会认为自己是卑微的，是没有存在价值的"傻瓜"。

如果接受了自己就是"傻瓜"，孩子就不会去关注事情本身，而是极力寻找逃避做事情的借口。父母在做饭的时候，孩子一般也想参与进去。有一些父母就会在保证安全的情况下，创造机会让孩子去尝试，给予他激励和称赞。但是有些父母在孩子开始做之前就担心孩子不行，觉得很麻烦，不会给孩子机会去尝试。

比如，妈妈在厨房里使用刀具的时候，如果孩子说"我也要"，即使是不到两岁的孩子，妈妈就算给他刀刃不锋利的切面包的刀，孩子也会在切面包的过程中越来越熟练。慢慢地，孩子会想要尝试锋利的刀，妈妈会先告诉他刀很危险，如果使用不当就会切到手，然后抓着孩子的手，让他去尝试握刀。如果告诉他，只有妈妈在的时候可以使用刀，孩子就会遵守这个约定，而且可以在很小的年龄就能熟练使用刀具。

如果妈妈小时候数学不好，而且曾经因此挨骂，就会担心自己的孩子数学也学不好。所以干脆就不给孩子提供机会去学好数学。在日常生活中，有很多机会可以教孩子数学基础。可以通过搭积木提升空间直角感受能力，通过车牌号获得数字的概念。还可以通过切苹果，很自然地教他二分之一、四分之一这样的分数概念。妈妈只需要转变想法，不要觉得自己是在教孩子，而是以一种玩乐的心态，让这个过程变得有趣，那么就会发现孩子已经把数学都学会了。

如果对数学比较恐惧的妈妈不肯直面自己的这种恐惧，那么这种恐惧就会影响到孩子。和孩子一起解答数学题的时候，如果孩子好像不太能理解，妈妈就会动怒。虽然妈妈想要忍着，但是孩子已经感受到了妈妈的怒气，就无法集中精力解答数学题目。结果就是妈妈和孩子发生争吵，责骂孩子。而通过这样的过程，妈妈把对数学的恐惧传播给了下一代。

如果孩子解答了数学题目，不管答案对与错，妈妈只要都画上对号就可以。孩子错误的地方学校老师会教，无须担心。重要的是要让孩子觉得自己是喜欢数学的人。如果纠正孩子答题中错误的地方，力求完美，那么孩子就算考了 100 分，也会觉得自己不喜欢数学。这样数学对他来说就变得没有趣味，是需要勉强自己去学的科目。

如果妈妈给孩子的数学答案画上对号，孩子之后发现了这个问题，就会觉得"原来妈妈也不会做这道题"，并不会认为自己不擅长数学。

小的时候被放任不管，孤独度过童年的妈妈会觉得自己是个"傻瓜"。因为没有人对当初那个孤独的小孩给予能力上的认可，所以她就被恐惧困住，不敢去尝试，而且相信自己是做不到的。

这样的妈妈在孩子上学之后，会将自己的孩子和别人家的孩子进行无休止的比较。因为觉得自己这样做是不想让孩子遭受和自己一样的痛苦，会对他说："我这是为了你好。"但这句话的深层含义其实是想传达"如果你成绩好了，我就不用去面对小时候的创伤了"。

这些妈妈虽然会积极地搜集教育信息，但对于孩子真正的兴趣点，她们却并不理会。例如，她们会搜集小学四年级应该要读哪些书的信息，然后让孩子读这些书。然而如果孩子在感兴趣的领域已经达到妈妈无法理解的深度，妈妈就会出来阻拦，不会给他买相关图书来看，还会说："也要看看别的呀。"在不知不觉中对孩子进行了限制。

我在演讲的时候，如果问道"大家想要孩子成绩优异吗"，所有人都会回答"是的"。然后我会再次发问。

"如果孩子真的特别擅长学习，离开你们奔前程也没关系吗？"

这个时候，那些小时候很孤独，坚信自己是个"傻瓜"的妈妈可能会回答"不愿意"。

我常常说，把孩子养大，让他学会独立，就是教育。璞润读完高中到日本留学的那天，下起了倾盆大雨。把他送到金浦机场之后，我回来大哭了一场。让孩子离开自己身边，父母会觉得心如刀绞。但是因为爱孩子，所以要忍受这种痛苦。

小时候很孤独的人知道一点——如果自己的孩子很聪明，会想尽早离开自己。虽然意识里觉得"这样很好"，但是潜意识中知道如果孩子离开，自己就要去面对小时候那种极度的孤独感。所以不允许孩子在自己的兴趣领域有更深的研究。在选择读物的时候也是如此，如果孩子想要深入了解超出妈妈认知范围的东西，妈妈会进行制止。

有一个孩子博览群书，还会看很多游戏类的图书。这个孩子的梦想是做一名游戏设计师。他的妈妈是一所学校的工作人员，绝对不允许自己的孩子走游戏这条道路。虽然孩子说未来是游戏的世界，但因为妈妈不认可，所以还是很畏惧。孩子的欲求和妈妈的畏惧就这样起了冲突，孩子想摆脱妈妈的限制，妈妈则更想把孩子牢牢抓住。这让孩子极度愤怒，妈妈就在孩子面前跪下来求他。孩子对此深深自责，到了要吃神经安定药的地步。最后孩子听了妈妈的话，放弃了自己的梦想，整个人变得很消沉，也不学习，终日无所事事。

这个妈妈邀请我们给她的孩子进行指导，我们建议她先面对自己的问题。但这个妈妈拒绝了，她宁愿承受牺牲孩子的痛苦，也不愿面对自己内心的恐惧。

觉得自己是"傻瓜"的妈妈，为了让自己能够在别人的眼里看起来很聪明，做什么事情都想要又快又好。虽然具备了做事利落的能力，但是因为依然觉得自己是"傻瓜"，所以内心常常不安。之后成长起来，知道自己所相信的其实是一种虚像，就可以丢掉"自己是傻瓜"这种想法。但因为意识还没有达到那种水平，所以对于"自己是傻瓜"这件事情，依然会感到羞耻、痛苦。

认为自己是"傻瓜"的妈妈，无法忍受自己的孩子动作慢、做事情从容不迫。孩子穿衣服动作慢，她会生气；吃饭的时候，孩子左顾右盼不专心吃饭，她会生气；到了要上学的时间，孩子才开始收拾东西，她会大声催促孩子。这些妈妈不会给孩子独立做事的机会，而是包办一切。甚至如果孩子做作业速度慢，她们也无法忍受，会替他完成作业。

妈妈觉得自己是为了孩子才做这些事情的，孩子则会纳闷为什么本该自己做的事情却是妈妈在做，然后得出的结论是："因为我不行，所以妈妈才替我做。"

虽然妈妈为自己营造了一个处处关心孩子的好妈妈形象，但越是这样，孩子越会觉得："我是一个什么都不会做的傻瓜。"妈妈挡在孩子前面替他做事，虽然并非出自本意，但其实就是把孩子当作了"傻瓜"。

并不是说父母不应该给予孩子任何帮助。孩子只有在成人的帮助下才能快速取得某项成果。但父母应该向孩子展示怎么去做，当孩子愿意自己去做的时候父母就该退出，在一旁观看即可。当看到孩子一个人做事情的样子应表示开心，在孩子需要帮忙时再加入才是正确的做法。但是，在给孩子提供帮助时，如果目的是想隐藏自己"傻瓜"的一面，维持好妈妈的形象，那么孩子会觉得自己才是"傻瓜"。

🌱 孩子哼哼唧唧会让人发疯

孩子之所以哭闹，是因为不知道自己的需求是什么，或者即便知道自己的需求是什么，也不知该如何表达。因为之前在父母面前表达了自己的需求之后，曾经被拒绝过，孩子不想再次受到伤害，就会一边被动地通过哭闹进行防御，一边坚持表达自己的需求。因为正在哭闹的孩子不能很明确地传达自己的意思，所以家长也不知道需要为他做些什么，孩子的需求就很难得到满足。如果父母可以欣然地听取孩子的需求，可以和孩子共情，孩子就会用语言和行动明确表达出自己的需求，自由地表达自己的情感。

对于璞润提出的要求，只要没有对别人造成危害，不会危及生命和安全，无论是什么要求，我们夫妻都会欣然听取，并尝试去满足他。璞润幼年哭闹的时候，璞润妈妈会这么说："璞润啊，你哭着说话，妈妈听不懂。妈妈想听你说想要的是什么，但是听不清楚，觉得很难过，你能说清楚吗？"

这样，璞润就会在哭过之后，明确地表达出自己的意思。这就是有共情的对话。

具有共情的对话由观察、感受、需求、请求四个要素构成。这是一种不去指责对方，不去猜疑对方，可以表达自我，同时进行相互沟通的良好对话模式。

观察就是如实地陈述事实。璞润妈妈说："你哭着说话，妈妈听不懂。"妈妈的感受是"因为听不懂而感到伤心"，需求是"能够听懂璞润说的话，达成他的愿望"，请求是"用语言清晰地表达自己的意思"。

即便是读了很多书，但把书中的内容在日常生活中付诸实践还需要花费一些时间。我们夫妇为了能够实现有共情的对话也花费了很长时间。

我陪孩子玩的时候，或者给他读书的时候，可以陪他几个小时都不会觉得累，孩子一旦哭闹，或者有一点哼哼唧唧，我就非常烦躁。

在我进行内心省察之旅以前，如果孩子哭了，我总是会说："我们家璞润在伤心呀。"我本来觉得自己读了书之后理解了其中的道理，但孩子一旦哭泣，我大脑就一片空白，能想到的只有"原来……呀"。

后来璞润对我说："爸爸，不要再说'原来……呀'，'原来……呀'了！"

其实璞润在成长的过程中几乎很少哭。璞润妈妈并不会特别介意孩子哭闹或者哼哼唧唧，也不会苛责孩子。而我就算是读了很多书，接受了很多训练，孩子如果有一点哭闹，依然觉得烦躁。

我每次演讲的时候都会有家长哭泣，我会给他们递上纸巾。在别人看起来我像是很有礼貌，很会照顾人。但是现在看来，我的那种行为其实是传达"看着你哭让我感觉心累，请不要哭了"这样的信息。

现在如果有人痛哭，我不会再给他递纸巾，而是让他哭个痛快。开始了内心省察之旅之后，我也获得了成长，有三年时间也像这样哭过，所以可以理解这种心情。人在伤心哭泣的时候，不需要其他任何人的评判和偏见，只要有人静静地陪着就可以。在停止哭泣后，心情就会变得轻松而又平稳。

如果孩子每次哭闹的时候，家长都感觉自己特别抓狂，那就需要思考自己的内心是否住着一个不能哭泣的"内在小孩"。很多孩子哭了，就会马上听到家长说"停"，会听到家长说类似"警察会把你抓走""网兜爷爷会把你抓走"这样的话，或者会说"如果哭就是傻瓜""如果哭父母就会死掉"这样的话。

以自我为中心的孩子在被抛弃后会从自己身上找原因。他在潜意识里觉得："如果我没有哭，妈妈应该就不会抛弃我了。"

在我小的时候，每当我爸爸醉酒之后回家，掀翻饭桌、整晚撒酒疯、打妈妈的时候，我就会祈祷自己能够快点长大成人，下定决心成年之后要让妈妈少受一些苦难。

我习惯一个人扛起所有。我曾经由于十二指肠溃疡，在学校学习的时候吐血，晕倒了三次，但觉得告诉妈妈会让她担心，就都忍住了。由于胃酸分泌过多，融化了十二指肠，我睡到凌晨的时候，因疼痛而发抖。感觉就像是有锐利的刀子在剜着肋骨两端的深处，这种痛苦持续了两年，我也忍了两年。现在做胃内视镜检查还可以看到伤口。

　　父亲是孤身一人来到韩国的，所以我们没有可以依靠的亲戚。我在独户人家长大，也没有邻居。在家里，我被认为是"少年家长"，同时也被看作英雄。哪怕再辛苦，我也从未抱怨，由于过早懂事，我从未哭闹过。不知道有多少悲伤都被压抑在潜意识里。

　　后来我通过内心省察之旅，把之前没能哭的委屈都哭了出来。一旦开始哭泣，就无法停下来。但是因为自己在刚开始的时候对哭泣还很陌生，所以会在掉了一两滴泪之后就"嗖"的一下不哭了，或者会在坐车的时候不分场合地哭泣。如果把小时候受伤的那个"内在小孩"的悲伤都哭出来，这种哭泣就不会持续很长时间。但是，当时还不知道这一点，所以会哭很久。

　　如果讨厌孩子哭闹纠缠，那么就要自我反省小时候妈妈是否觉得自己烦，让自己走开，自己只能一个人孤独地待着。**孩子哭闹是想要和妈妈建立联系，进行沟通。只要是孩子都会哭闹。但是如果小时候没能得到自己妈妈的理解，长大后也很难对自己的孩子感同身受。**

　　如果觉得孩子哭闹让人觉得烦躁，那么，像我一样在小的时候就是"少年家长""少女家长"，在情绪方面照顾父母的可能性比较大。还有可能是听父母话的乖孩子。因为父母讨厌自己或者不在自己身边，就会想方设法想要得到哪怕一点点关爱，为此压抑了自己的欲求和情感。

善良的人不知道自己的需求和真实的情感是怎样的。他们不会去考虑自己的需求和感情，当有人侵犯了自己的底线，他们会对本该守护自己情感的怒气进行抑制。压抑这种自然产生的怒气的结果是会把它变成具有攻击性的"沉默的生气"——即愤怒。我在这里把生气和愤怒进行了区别使用。

如果压抑怒气，那么受到压制的不仅有愤怒，还有快乐。因此，心里怒气比较多的人脸上既没有快乐，也没有活力。缺乏快乐的状态可以被称为忧郁。很多时候，只要解决愤怒，抑郁症也会消失。

如果人的情感被压制，会导致情感麻木，会很烦闷。人只有在上瘾和受到强迫的情况下，才能感受到强烈的刺激，所以会依赖上瘾和强迫性行为。

一个善良的人，当别人对他说"真善良，像个天使"这样的话，他的内心会有这样的想法："那是因为你还不够了解我，我的内心其实千疮百孔。"

不要把孩子培养成乖孩子。乖孩子是没有自我，只会顺从的孩子，他的一切都依赖外界的评价。

听着"真乖"称赞长大的人，如果让他不要把自己的孩子养得那么乖巧，他会产生思维上的混乱，会这样问："那么是要把他培养得坏一点吗？"

不乖就是坏吗？对于孩子，应该进行个性化培养，而这不能压抑他的欲求和情感。

如果小时候不想麻烦妈妈，从而压抑自己的需求和情感，表现得安静乖巧，那么在内心某个黑暗的房间里会住着一个孤立的"内在小孩"。这个"内在小孩"会对亲密关系感到不适。当这样的人成了妈妈，如果孩子想要拥抱或者牵手，会遭到她的拒绝。如果这种行为反复发生，孩子会产生一种即将被抛弃的危机感，所以想和妈妈更加亲近。睡觉的时候孩子也一定要抓住妈妈的耳朵、手、胸等某个地方才能入睡。妈妈认为是自己在拥抱孩子，但事实上是孩子在拥抱妈妈，满足妈妈小时候没能得到满足的"内在小孩"的需求。

如果妈妈不懂其中的缘故，觉得孩子总是在纠缠、在哭闹，从而骂他打他，孩子就会试图通过打或推其他的孩子来进行身体接触。因为觉得与其孤独，还不如得到周围人哪怕是消极的关心。

在上小学之前，有的孩子会说："妈妈，我没有朋友很无聊，你和我一起玩吧。"他想和妈妈一直在一起，没完没了地腻在一起。但是如果仔细观察，会发现他其实和其他孩子也玩得很好。在说这句话的时候，孩子其实是在安慰妈妈。这句话的意思是这样的："妈妈，我和朋友一起玩不觉得无聊，但是如果我和朋友一起玩，妈妈一个人留下来会很无聊吧？现在妈妈也交了朋友，请从孤独中走出来吧。"

🌱 想要打孩子的时候

年龄特别小的孩子无论做什么看起来都很可爱，家长怎么舍得动手呢？别的家长我不了解，但对我来说，好像永远都不会向孩子动手。但是，如果孩子长到 18 个月，进入第一个叛逆期之后，妈妈会想方设法抓住脱离自己控制的孩子。妈妈想要在孩子面前表现得温柔，即便是心里很想揍他一顿，但还是会忍着怒气。

只有一个孩子的时候，即使想打他，也能强忍下来。但是当有了两个孩子，育儿就变得越来越困难。如果老大进入无法无天的时期（36 个月开始），老二进入叛逆期（18 个月开始），那么育儿很可能会演变成一场战争。一旦妈妈体力不支，两个孩子又在纠缠着索取爱抚，那么妈妈在某个瞬间就会不自觉地对孩子动手。即使是没有动手，和孩子说话也会变得冷漠。如果妈妈心里生气，就没有办法和孩子很亲切、很温柔地沟通。孩子就会感受到妈妈冷漠背后压抑着的怒气。

如果老大推了老二，或者表现出不喜欢他的行为，曾经那么可爱的老大也会变得让人讨厌起来，妈妈看他的眼神里就会冒着怒气。很多地方的人们会把生气的样子称为脸色发青，在韩国则用红眼睛来表现生气。

人在愤怒的状态下，理性就会被麻痹。虽然自己不想发火，但身体却不受控制。当这场情感的暴风雨过去之后，看到哭泣着入睡的孩子眼角干涸的泪痕，妈妈的负罪感就会涌上心头："我这样的人怎么能配被称为妈妈呢？”

然后会因为自责和愧疚整晚哭泣，下定决心之后不再打孩子，但想要做到这一点并不容易。在生活中对孩子说了无数次对不起，依然无法纠正自己的行为。虽然下定决心不要像自己的父母那样养孩子，但即便非常努力，不知不觉还是选择了和父母一样对待孩子的方式。

家长打了孩子之后会因内疚而痛苦，但同时会感受到与痛苦相伴的微妙快感。身体会记录这份快感，这种快感混合着胜利的感觉和想要被理解的欲求。小时候挨打想要赢过父母，但是没能实现。在当时环境下的屈服，现在从自己孩子身上得到了补偿。潜意识里觉得自己赢了，自己的力量很强大。因为曾经屈服过，所以也想让别人屈服于自己。

和孩子动手之后虽然会觉得心痛，但家长往往会把这种行为包装成是为了孩子好。对孩子动手的家长内心是绝望的，没有人能够理解他们在小时候挨打时的绝望。当他们成为父母后，希望别人——哪怕只有心爱的孩子——能够理解自己的痛苦，从而在潜意识里就会想和自己的孩子动手。在父母的心里住着比自己家孩子年龄还要小的“内在小孩”。

《天才儿童的悲剧：别让自己毁了孩子的人生》的作者爱丽丝·米勒在书中详细说明了小时候经受过家暴的人变成施暴者的过程。从小就没有挨过打的人从始至终都不会有想要打孩子的欲望。如果被“教育孩子就得打，或者把他关到小黑屋”这种观点所吸引，那么肯定是小时候挨过打，或者是被自己内心的恐惧所困，无法释放自己的爱。

让我们来思考一下，如果夫妻意见不同，丈夫对妻子说："你，去小黑屋里反省吧。"那么妻子将会感到多么屈辱，和这样的丈夫一起生活会让人感受压抑。但是妈妈却会对孩子说这样的话。孩子会顺从妈妈的意思，因为她掌握了自己的"生杀大权"。但是当孩子被关到小黑屋的时候，会感到羞耻，会觉得自己之所以受到惩罚是因为做错了什么，给妈妈造成负担，从而带有负罪感。这会成为孩子幸福生活的重大障碍。

我在演讲的时候，曾调查，让小时候被家暴过的人举手，有一些从面目上看起来像是被家暴过的人并没有举手。小时候挨过打的人面部会带有紧张感，表情不丰富，给人一种无论你说什么他都不会相信的感觉，身体也十分僵硬。

"我真的从来没有挨过打。"

"虽然父母经常吵架，但是我没有挨过打。"

如果看到父母争吵，父亲动手打了母亲，孩子也会感受到和自己挨打一样的恐惧。

在充满负能量的家庭一定会有一个"捣蛋鬼"。如果自己没有挨打，但是亲眼看到调皮捣蛋的兄弟姐妹挨打，自己受到的冲击会更大。挨打其实没什么大不了，但是挨打之前的恐惧感会特别强烈。当看着兄弟姐妹挨打，会产生"我和他们一样不听父母的话就会挨打"的不安感，同时还会因为只有自己没挨打而感到抱歉，为此带有负罪感。

并不是说只有动手才算是打人。**狠毒、冰冷的语言也可以起**

到同样的效果。令人厌烦的唠叨、自以为是的说教、总是否定孩子和过分忧心孩子都是暴力。

我在演讲的时候，问台下的爸爸们自己的妻子哪里最可怕，他们会一致回答"嘴"。妻子认为自己说话像猫一样温柔，但丈夫却觉得妻子像老虎，张嘴就要咬人。每个孩子都是妈妈生的，所以丈夫不知不觉中会把妻子投射成自己妈妈的形象。如果小时候害怕妈妈，那么长大就会害怕妻子。

让孩子真正感到畏惧的是妈妈的眼神。妈妈充满愤怒的眼神对孩子来说具有强有力的冲击，这种强烈的体验感会被孩子的身体记录下来。虽然妈妈可以控制自己的表情，抑制怒气，控制气息，有教养地讲话，控制住自己想要打人的手，但是唯独对自己的眼神无可奈何。孩子也不会相信妈妈的"伪装"。

妈妈谈论自己在育儿的过程中自我成长的经验时，经常会提到，开始学会自我表达之后，向孩子发火的次数增多了。这是很正常的。在释放自己被压抑的怒气的过程中，表达出自己的欲求，要求孩子不要越过雷池，确实会让人更加频繁地生气。但是孩子反而会在这个过程中变得更加明朗起来，因为妈妈的眼神变得更加温暖了。当初妈妈眼神里明明有怒气，表情和说话却不像是生气的样子——这种传达双重信息的模糊信号也随之消失了。

第 二 章

醒悟和面对：
认识创伤，和情感
进行对话

醒悟：认识潜意识里的创伤

♪ 醒悟就是意识到自己的内心住着一个受伤的"内在
小孩"。小时候被家暴过的人面部看起来总是很紧张，
向别人靠近的时候总是会犹豫，不敢和别人对视。

❦ 结束内在的不幸

如果连自己的亲生父母都对自己实施了暴力，那么在这个世界上还能相信谁呢？在挨打的瞬间，孩子会选择抗争（愤怒）或者回避（害怕），即选择争吵或者逃跑。这并不仅仅是孩子会有的反应，也是全人类在危急时刻本能之下会做出的选择。

仔细观察人的行为就能发现，大家经常会做出抗争或回避这种类型的反应。其中一类人总是会做出"让我抓住一个家伙看看，一定不会轻易放过"的姿态，所以经常让自己置身险地。在孩子的潜意识里，挨打的瞬间会认为自己是给妈妈带来痛苦的罪人，感到很羞耻，所以就希望妈妈打自己。

另一类人总是会采取回避的态度。一旦遇到矛盾就会沉默，而不是去解决问题。他们和做出抗争反应的人一样，出于羞耻心和愧疚感，即使是面对对自己有利的情况，也会选择逃避。如果他们在工作中能够晋升，可以获得一个需要在他人面前讲话或引领会议的重要职位，那么他们会拒绝晋升，或者选择辞职。

我们大脑中记录感情的部位有两个。一个是被称为边缘系统的地方，抗争或回避反应就被记录在这里。这个部位会让人不假思索地做出反应，简单来说就是会产生身体记忆。另一个部位是产生情感的额叶。这个部位并不会及时做出反应，会在对情感进行理性分析之后，再去选择采取哪种行为。

父母把孩子带到这个世上，本应该保护孩子，却对孩子实施暴力，这是让孩子觉得最危险的地方——比遇到老虎还让人恐惧。人生在世，能遇到几次老虎呢？但是需要每天面对父母。家庭对于孩子而言，可以是天堂，也可以是地狱。

孩子会在危机发生的瞬间，把相关记忆储存在潜意识中的边缘系统里，也就是会"冻结自己的情感"。人在遇到老虎的瞬间会进行思考吗？如果花时间思考之后再做出反应，就会被吃掉，所以必须依靠本能做出抗争或者回避行为，才能提高活下来的概率——就是这种应激反应会被记录在我们的遗传基因中。

即便只是遇到一次具有冲击性的事件，人也会把当时的情感原封不动地冻结在潜意识里。这种情感会一直不变，直到成年之后，用成年人开阔的视角，重新去经历"内在小孩"的情感，对当时的经历重新进行解释，理解之光才会到来。在这之前，情感

始终处于冻结状态。

只有亲密关系才会产生创伤。在结婚生孩子之前，父母可以通过有意识的遗忘来抹去小时候的创伤。但是生了孩子之后，就需要面对自己的创伤。

假设你在两岁的时候曾经因为哭闹耍赖挨了打，那么当自己的孩子两岁时哭闹耍赖，自己的身体马上就会有所反应。如果被甲鱼咬过，看到锅盖也会受惊。这种经历在日常生活中是很常见的。如果在很久之前听了璞润教育的演讲，即使在抚养孩子的过程中慢慢忘记了演讲内容，但是偶然接触到有关璞润教育的知识或者走进璞润教育研究所的咖啡馆，仍会不由自主地勾起相关的回忆。

同样，在孩子哭闹耍赖的时候，你的潜意识里会涌现出之前自己挨打时的羞耻感和负罪感。因为直面这种情感十分痛苦，所以我们会用父母曾经使用过的方式——打骂孩子，不让他哭出来，从而压制自己的情感。

父母并不是故意要打孩子。怎么会有父母想要把自己小时候经历的痛苦施加到自己所爱的孩子身上呢？只是由于自己的理性没能发挥作用。如果孩子不哭闹，父母就不用去面对自己儿时的痛苦经历。所以父母会通过控制外部的环境，来逃避面对内心的苦痛，他们不去解决自己的问题，而是立即选择了逃避。对孩子动手只需要一万分之一秒：大脑边缘系统发出的行动指令，比起额叶更快。

小时候挨打之后，产生的羞耻心、罪责感、伤心、恐惧、愤怒等感受都会被冻结，在直面这些情感，清除它们之前，人会重复相同的行为。如果有一代人没有清除掉自己内在的不幸，不去治愈受伤的"内在小孩"，那么这个创伤会延续到下一代。

天空晴朗的时候可以看到飞机，多云的时候只能听到声音，看不到飞机的身影。如果能够去面对潜意识里的情感，那么就能够像在晴朗的空中看到飞机飞过一样。观察到自己想要打人的欲望蔓延的过程，就可以去控制自己的行为，不会再被大脑边缘系统支配，而是可以选择性地接收额叶发出的行动指令。

在我们身上，有冲在前面采取行动的"我"，也有在后面观察这种行为的"我"。在前面做出行动的叫作"自我"，在后面观察这种行为的叫作"真我"。人只有认识到"真我"，和"自我"同视，才能结束世代相传的不幸。

❀ 只有通过投射才能看到被压抑的愤怒

在演讲的时候，如果感觉"那个人小时候应该被骂过或者被打过"，然后，如果我让小时候被家暴过的人举手，他大概率会举起手。

如果问他"为什么挨打了呢"，他只能记住挨打的事实，却不知道挨打的原因。他会说："因为我做得不好，父母想让我变得更好。"

如果是想让孩子变得更好而去打骂他，对这种人来说，那就意味着暴力本身是好的。父母只想把好的东西给自己的孩子，所以从小就挨打的人，长大后自然而然也会打骂自己的孩子。不，应该说只有从小挨打长大的人才会对自己的孩子施加暴力，如果是在关怀备至的爱之下长大，从一开始就不会有想打孩子的冲动。父母之所以打孩子，是因为不知道该如何抚养孩子，他们没能从自己的父母那里学到抚养孩子的方法。

从小挨打长大的人会把自己看作"虫子"。我们都知道挨打有多惨，多么屈辱……父母是因为不知道该如何养育孩子，所以只能打他，孩子却不知道这一点，会认为自己之所以挨打是因为父母想让自己变得更好，而且童年时期会通过有意识地遗忘抹去这种记忆。

这段记忆虽然从意识中消失了，却被全部储存在潜意识里。大脑虽然无法想起，但是身体却还记得。从一出生就被丢在孤儿院的人，在特定的时间会变得不安，甚至哭泣。科学家曾对此进行调查，结果显示，这些孩子的身体唤醒了自己被抛弃的回忆。现在的科学显示，虽然孩子在胎儿时期的经历不能改变他的DNA，但是会改变RNA。

结婚生子之后，孩子的一言一行都会触动自己在潜意识里被压抑的欲望和情感。看到自己的孩子，会觉得孩子"那么可爱，怎么可能下手打他"，然后就会醒悟过来，自己小时候挨打的经历是多么悲惨，当时是多么害怕。本来以为自己小时候挨打是理所应当的，但是有了孩子之后就会发现：自己的身体里住着一个欲求和情感问题没有得到解决的受伤的"内在小孩"。

虽然自己已经具有成年人的躯体，但是住在自己心里的"内在小孩"却停止了成长,一个人在黑暗的房间里哭泣。就像是蝌蚪要发育成青蛙,却停留在了蝌蚪的阶段。自己的身体已经长成了"青蛙",像"青蛙"一样从事社会上的活动,晚上回到家,就变回了"蝌蚪"。如果自己的心里住着一个比自己的孩子年龄还要小的"内在小孩",那养育孩子将会是多么辛苦的一件事情啊。

在抚养孩子的过程中,去观察自己动怒的点,就能找到自己的创伤所在,这就是"醒悟"。

如果没有内心投射就不会生气。如果有人骂你"喂,你这个狗崽子",你会生气吗?有的人会生气,也有人会很坦然,觉得"他骂人是因为现在很不开心吧"。

听到这句话之后生气的人,在小时候也听过相似的辱骂。但小时候被骂的时候,还不懂得说"我不是狗崽子"这样的话。即便是说了这句话,也只会受到责骂,所以当时只能忍着,压抑自己的情绪。

由于当时还不懂得怎么去表达自己的情感,所以希望得到尊重的需求就没能被满足。没被满足的需求就会化为怒气。如果表达了自己的怒气之后没能得到理解,那么怒气就会被压抑在潜意识里,成为愤怒,被压抑的愤怒同时会在意识里消失。

因为愤怒不存在于自己的意识范围内,所以只有别人才能感觉得到。觉得他人很可怕的人,其实是内心压抑了太多的怒气,有着想要攻击别人的强烈欲望。但是因为在自己的意识里感觉不到愤怒的存在,所以会以为"别人想要攻击我",会觉得别人很恐怖。把自己内在被压抑的东西展现出来的过程，就是投射。

如果从小就没有挨过骂，那么就不会对辱骂有反应。这和小时候没有挨过打，长大之后也不会有打人的欲望是一个道理。

曾经有人说过："我想不起小时候发生的事情了，也不想记起来。"

现代心理学认为，小时候的人际关系可以决定成年后90%的人际关系。

面对：认识潜意识中的情感

当我们意识到自己内心有一个受伤的"内在小孩"时，改变就会由此开始。身边的人也会发现我们的变化。但是，如果想要从根本上治愈创伤，从恐惧走向爱，则需要我们亲自经历面对情感的过程。

🌱 重新认识冻结的情感

　　小时候本应该去经历面对潜意识中的情感这个过程，但是当时往往在不知所措的情况下受到惊吓，情感便就此冻结。长大之后用身体重新去感受这种情感，接受这种情感的过程就是面对。回到让人痛苦的童年，去认知这种陌生的情感，无论是谁，都会想要躲避。为了能够直面情感，会选择去接受专门的指导，但是在去接受指导的路上会莫名地觉得身体疼痛，会忘记接受指导的日子。就算是到了指导现场，也会在周边兜圈，拖延时间。

　　实际上，如果没有孩子，即便不去认识过去的创伤，也可以凑合活着。在触及底线之前，都可以避开。但是父母知道，如果不去认识自己被压抑在潜意识里面的情感，那么这种苦痛会转移到孩子身上，所以不少父母还是会鼓起勇气，直面受伤的"内在小孩"的情感。

面对潜意识中的情感并不是一次努力就可以结束的。解除防御机制，和情感相碰撞的时间最长也不过 30 分钟。但是人们却不愿意去面对这 30 分钟，所以会一直逃避。

人在刚开始进行面对的时候，从内心涌上来的情感还可以承受。但是从某个瞬间开始，在潜意识深处被压抑的情感会突然爆发出来。这就是形成深层次交流的瞬间。

刚开始进行面对的时候，迄今形成的信仰体系会崩塌，所以想法会变得混乱。因为大脑和身体的认知不同，所以会对自己产生怀疑，疑心自己是否在演戏。但是可以确信的是，身体所经历的一切，都是自己所感知到的东西。如果持续进行面对的过程，自己过去为什么会那么说，为什么会那么做，都会像拼拼图一样变得清晰起来。会对自己整个的人生有所醒悟，一切都能被理解，变得清晰起来。

面对就是将潜意识里的情感引领到意识中去。只有把情感带到意识当中，才能够靠自己的意志做出选择，从而完成疗伤的过程。否则，只能受到潜意识的支配，在一种茫然的状态下做出行动。潜意识处理信息的速度是意识的 20 万倍。潜意识可以支配一个人的命运。

而指导就是帮助人把在潜意识中没有具象的情感用具体的语

言表达出来的过程。当导师用语言把茫然无知的情感激发出来后，就能让人快速找到自己的创伤所在，体会到潜意识中的情感，痛哭出来。

如果不去面对潜意识中的情感，那么人的思虑就会变多。夜晚无法入睡的人就是因为杂念过多。因为这些杂念接二连三地冒出来，所以让人很难进入睡眠。它们来源于在潜意识中被压抑的情感。杂念越多，就说明被压抑的情感越多。

清除杂念需要冥想。冥想有两种方式：一种是配合意识焦点的节奏，阻挡其他想法的出现；另一种是放任脑海中所有的想法，像走马观花一样掠过。两种方式都是为了让杂念消失。

众所周知，冥想对健康有益，同时可以增强抗压能力，不过一旦开始冥想，杂念增殖的速度就会快过它飞向天际的速度。面对被压抑的情感可以让人更快地达到平静的状态。一边去面对情感，一边把它展现出来，一直到被压抑的情感完全消失，内心就会变得明亮而平静。

当达到深层次的面对时，时间和空间都会消失。成为脑海中杂念的一场表演。所以我会对进行了深度面对的人这么问："可以找到回家的路吗？"

如果说冥想是到达内心平静的自动扶梯，那么面对就是直升梯。

面对就是将自己的情感表现出来。发现自己的情感，并且用身体尽力去体会这种情感，会很快得到治愈。面对情感的过程距离自己越远，疗伤的速度就越慢，比如你是一个很可怜的人，但是面对这个事实过于痛苦，就会把这种情感投射到猫或者狗的身上。

"我们家的猫要被送到别人家了，怎么办呀，实在是太可怜了。"

这句话其实不是在可怜猫，是觉得自己被抛弃的经历很可怜，因为面对当时被抛弃的情感会很痛苦，所以把话题转到猫的身上。

在发表演讲和进行指导的时候，看到别人去面对自己的情感，我也会被调动起来，去面对自己的情感。其他场面对我来说还好，但当我看到有些父母把孩子丢在一边的场景，就会经常不自觉地流泪。因为我心里住着一个曾经被抛弃的"内在小孩"，所以看到这些场景会动容。

♥ 面对的现场

在"治愈受伤的'内在小孩'"的演讲上，由璞润妈妈进行面谈指导。整个过程都是来听演讲的听众们自发举手参与的，我们没有强迫听众参加。

听众走上舞台后，璞润妈妈会问他们几个问题，并不是要向他们追问这些问题的具体答案，而是为了让他们能够把自己在潜意识中被压抑的情感用语言表达出来。

就像前面我所提到的那样，提问的时候使用非敬语，并不是因为不尊重对方，而是为了让对方能够放下防备，可以直接表现出在潜意识中出现的画面，避免他们对自己的想法进行过滤。同样地，参与者也可以使用非敬语。

> 璞润妈妈："想解决什么问题呢？"
>
> 参与者："我讨厌我们家老大。"
>
> 璞润妈妈："在什么情况下会讨厌他呢？"
>
> 参与者："和他弟弟争吵的时候，他会用力推弟弟，还会打他。"
>
> 璞润妈妈："在这种情况下你会想说什么呢？"
>
> 参与者："不要吵了，我说不要吵了！太烦了。"
>
> 璞润妈妈："大声说出来。忘记关怀备至的爱，把内心感受到的都喊出来，你想对孩子说什么呢？"
>
> 参与者："忍一忍就过去了。我长这么大不知道挨了多少次打。就算是弟弟犯错，我也会因为包庇他而挨打。不要闹了，太烦了。"

参与者大声说着，眼泪夺眶而出，情绪变得激动起来。她感受到了自己的悲伤和愤怒，并且发泄出来。等她情绪稳定下来，璞润妈妈又开始了对她的提问。

> 璞润妈妈："你是在哪里呀？"
>
> 参与者："很黑的房间。"
>
> 璞润妈妈："你被关起来了吗？"

参与者："四面都竖起了铁栅栏。"

璞润妈妈："你是从什么时候进去的呢？不用描述得很准确，想到哪里就说到哪里。"

参与者："从 5 岁的时候。"

璞润妈妈："为什么被关在那里呢？你想把这个地方称为什么呢？"

参与者："监狱，这是监狱。5 岁的时候弟弟出生了。"

璞润妈妈："现在你多大了呢？"

参与者："42 岁了。"

璞润妈妈："那你在监狱待了三十七年呢。在监狱里成功把自己的孩子养大了。现在从监狱里出来吧。"

参与者："没有门。"

璞润妈妈："如果从这里出去的话会有什么坏处呢？说一个你能想到的。"

参与者："大家会对我指指点点，说我是对弟弟使坏的臭丫头。"

璞润妈妈："如果妈妈不出来，孩子就会和你一起进去。孩子连妈妈去洗手间都会跟着。内在的不幸会延续到下代人呀，快出来吧。"

参与者："没有门。"

璞润妈妈："看看后面有门吗，上面也看看。"

参与者："后面有门。"

璞润妈妈："那就出来吧。出来了吗？"

参与者："出来了，看到了孩子和丈夫。"

璞润妈妈："有人对你指指点点吗？"

参与者："一个都没有，大家都在忙自己的事情，根本没有人关注我。"

璞润妈妈："那你还要再进去吗？"

参与者："不了，监狱变小了，消失了。"

璞润妈妈："你现在是在哪里呢？"

参与者："在草地上，有蝴蝶、树木，还有清澈的溪流。在跟孩子和丈夫一起玩耍。"

璞润妈妈："有太阳吗？"

参与者："是的，有太阳，很温暖。"

璞润妈妈："先生说什么了，让你一直待在监狱里吗？"

参与者："不，说我能出来真好。"

璞润妈妈："你想用什么语言来描绘现在的心情呢？参考你现在的情况来表达。"

参与者："自由。"

璞润妈妈："用身体来表现一下吧。"

参与者翩翩起舞，用以表现获得自由的喜悦。

这名参与者在弟弟出生的时候，曾经请求父母能够爱自己原本的样子。但是如果她表现得不够稳重，父母就会责骂她。所以这名参与者就把所有的错误都放在自己身上，把自己关进了罪责之笼。

参与者在此之前无法知道自己的心里是否有一座牢笼。因为这座牢笼是在潜意识里，所以她在意识中无法知道自己是身处牢笼之中抚养孩子。自己的两个孩子重现了她小时候的画面，被勾起伤心往事的她感到难过。**现在她知道了为什么看到两个孩子争吵就会觉得心累，可以在深层次上理解孩子，这样孩子就不会为了争夺妈妈的爱而发生争吵。**

当从罪责感中解放出来，内心的太阳就会散发出光芒。太阳就是爱。被伪装成罪责感的愤怒消失后，爱就出现了。原本就存在的爱就这样被找到了。

参与者脑海里出现的草地是内在的反映。可以是草地，也可以是宁静的海边，如果觉得在济州岛钓鱼是一件幸福的事情，那么可能就会出现济州岛的画面。也会出现辽阔的草原，在草原上有漂亮的房子，走进去之后就能看到给予自己关怀备至的爱神。

如果罪责感特别重，就会去地下更深的地方，会看到自己在潜意识中的状态。自己在熊熊燃烧的地狱之火一样的熔岩上艰难地坚持着。负罪感、虚荣心、恐惧、愤怒是构成"自我"的要素。而"自我"存在的关键是坚信自己承担着让自己活着的责任。因为自己要活下去，所以会在熔岩上苦苦坚持着。如果松手被卷进熔岩，身体就会化成灰，然后消失。这是唯一一次可以亲身经历的死亡体验，而松手其实意味着放弃自己的执着，父母会因为不想让自己的孩子也被卷入地狱之火而放开双手。对孩子的爱，让他们鼓起勇气面对这极具真实感的恐惧。

有些人总是觉得活着让人觉得不安和心惊胆战。他们中有很多人都会想象自己是在高高的悬崖上、建筑物的顶端。如果让他们往下看，他们会害怕得发抖，不肯向下看。如果和他们说，假如你们不跳，那么你们的孩子也会被带到这里，他们就会选择跳下去。这是因为他们不想自己的孩子也像自己一样过着令人心惊胆战的人生。当他们从悬崖上跳下来的时候，才会真正去感受隐藏在防御心之后的恐惧。

有些人脑海中会浮现出在沙漠中无法休息一直奔跑的画面，沙子很松软，跑着跑着身体就会陷进沙子里。这样的画面一般是映射没有父母的帮助，自己一个人去开拓人生。自己明明知道继续跑下去过不了多久就会倒下，必须停止奔跑才行，然而停下来的瞬间就会陷入沙子中，袭来一阵让人觉得即将死亡的恐惧感、无法呼吸的压迫感，但这种感觉并不会持续很长时间。

如果能够解决好自己内心的情感，那么即便再次听到"恐怖"的声音，也不再会觉得害怕。

❦ 释放愤怒的方法

我们夫妇二人婚后十年从来没有发生过争吵，我就像当初作为"少年家长"那样照顾着璞润妈妈，而璞润妈妈在被照顾的时候很会看眼色、会撒娇，还会营造氛围。我们两个相互依存，生活得很好。但是结婚十年之后我们开始因为一些小的事情产生摩擦。中秋的时候，璞润妈妈炒了红薯秧，我看到之后不自觉地叹了一口气，说道："在骄阳下采摘红薯秧，带到菜市场上去卖真的是件很辛苦的事情。"

我说这句话并没有任何意图，但是璞润妈妈听到这句话后可能不太开心，对我说："这些话你要说多少遍啊？"她是想说本来事业就失败了，已经过得很艰难了，中秋节这么开心的日子非要唉声叹气吗？她觉得自己本来就已经用最便宜的红薯秧做小菜，艰难地维持生计了，不应再受指责。

但是我听到她这句话，瞬间心里觉得凉飕飕的，涌上一股怒气。我当时也不知道自己为什么会那么生气。当时怒气一上来，就想着无论如何也要压下璞润妈妈的气势。虽然我说话的语气并不粗鲁，但带着轻蔑。

"你知道为什么苏格拉底的妻子被称为恶妇吗？因为就是像你这样。"

"知道为什么托尔斯泰离家出走吗？因为遇到了像你这样的女人。"

现在回想起来我当时简直卑鄙至极。明明是想让妻子理解我的感受，但因为无法开口表达出这个想法，就开始攻击对方。夫妇之间有些话是不能说的，大家很清楚一旦触及对方的底线，就会导致双方争吵。

如果妻子小时候没有说话的对象，一个人孤独地长大，那么遇到沉默的丈夫就会想要发疯。但奇特的一点是，因为她小时候已经习惯了孤独，所以反而会更容易遇上不爱讲话的丈夫。

当丈夫晚上回到家后，和孩子斗智斗勇了一天的妻子想要从丈夫那里得到安慰，想要一起甜蜜地聊天，但是丈夫的反应很木讷，甚至是沉默，妻子就会忍不住爆发，但换来的还是丈夫的沉默。一阵龙卷风过去后，妻子觉得累了，一个人抽噎，日复一日的夫妻吵架就这样落下了帷幕。

丈夫找朋友喝酒的时候聊到这件事情会说："我什么话都没说，只是一个人默默地待着。"

在某一次中秋节，首先成长起来的璞润妈妈换了一种表述谈到这件事情。

"原来你小的时候帮助妈妈摘红薯秧去集市卖吃了不少苦呀。你是想让我知道当时和妈妈一起的时候有多么辛苦，对吗？"

听了这句话后我的眼泪流了出来。**通过给予别人理解可以让人起死回生，每次发生争吵的时候，如果自己能够被对方理解，就会情不自禁地号啕大哭。**

虽然在烈日下摘红薯秧确实很辛苦，但让我感到痛苦的不只是这一点。如果父亲喝了酒，就需要年龄还很小的我把红薯秧驮在自行车上到集市去贩卖。有一次在去集市的路上，自行车倒了，红薯秧乱七八糟散落一地。最后没能卖出去，我们全家人只能饿肚子。虽然家人们都没说什么，但是我为自己骑自行车摔倒了而自责，心像是被扎了一样疼。这种愧疚感遗留在我的潜意识深处。当时那么小的年纪很难承受这种负担。如果当时能够听到"不是你的错，没关系"这样宽慰的话，我也不会在很长一段时间里都在潜意识里背负这个沉重的担子了。

当时我们家正经历着极度的贫穷，乃至家里的孩子三四天都吃不上饭。我放下由此产生的苦痛，痛哭过后，就没再因为红薯秧的事情和璞润妈妈发生争吵。

骂脏话也是可以释放愤怒的有效手段。并不是让你用脏话来攻击别人，而是要正确地使用脏话，释放在潜意识里被压抑的怒气，去向爱靠近。

我讨厌骂脏话的人。父亲醉酒之后就会对着妈妈骂脏话，我下定决心不要成为父亲那样的人，所以长大之后从来没有骂过脏话。

但是璞润妈妈在自己成长的过程中却开始说脏话，刚开始只是用很小的声音说，如"这个狗崽子"，以至于都听不清楚她是不是说了"狗"这个字。我就开始有意地提醒她，让她不要说脏话。

"你是公众人物，一不小心脏话就会脱口而出。"

璞润妈妈会把脏话加到赞美诗里面："像江一样的和平，像江一样的和平，嗯嗯，这个狗崽子，嗯嗯，这个狗崽子。"

一旦经历过通过骂脏话来发泄愤怒，让心情变得舒畅的过程，就再也停不下来了。

脏话像蛇的舌头一样不断吐出来，就算是想用剪刀剪也剪不掉。

有一天璞润妈妈在大田演讲之后回到家，看我的眼神充满了爱意。她语气十分温柔，脸上带着微笑。我当时觉得应该是发生了什么事情。后来两个人说到这件事，她说自己从大田回到金村的家的路上，一直不停地骂我，不知道有多开心，甚至想要一路骂到延边。

当愤怒消失，爱就会浮出水面。从这之后，璞润妈妈通过脏话来消解怒气，人变得更加平和、柔软。

我之所以不让璞润妈妈说脏话，是因为小时候听到的那些脏话还留在我的心里。因为想起了幼年时期爸爸辱骂妈妈的悲惨情形，所以就算知道璞润妈妈骂完脏话之后可以泄愤，心情变得平静，我也会进行阻拦。

有一天，我实在是无法再忍受璞润妈妈的脏话，我们两个坐上车后关上门，我就开始骂她。我在骂人的时候，如果璞润妈妈阻拦我，我就会立即停止，而且我会因为有了和父亲一样的行为，对此感到自责，陷入深深的罪责感。当时还不能在潜意识里把璞润妈妈和自己的妈妈完全区分开，所以对着璞润妈妈说脏话的时候，会觉得是在对自己的妈妈骂脏话。

但是璞润妈妈虽然挨了骂，却没有阻拦我，让我继续骂。

"你如果不骂脏话会死的，骂人消消气吧，继续骂吧。"

一旦开始说脏话，张口就会用方言不断地往外吐脏字。父亲曾是军人，他把杀敌时骂的脏话都用到了妈妈身上。当时的臭骂都被我记到了心里，虽然我之前从未骂过人，但脏话却噼里啪啦脱口而出。

一直骂了两个小时我都没有停下来，那天我可能把我这辈子的脏话都骂完了。

从那天之后，就算璞润妈妈说脏话，我也不觉得刺耳了，会觉得"她是在发泄怒气""等她发泄完了，心情就平静了"。

自己经历过就会知道，骂脏话对于泄愤能够起到很好的效果。当我对璞润妈妈好的时候，比对谁都要好。她想去哪儿我都会陪着，让我做家务我也二话不说就去做。不过我一旦发怒，就无法控制自己。但是自从那次骂了两个小时之后，我心里那些燃烧着的怒气就消失了。

我的愤怒消失之后，璞润妈妈会在我能接受的范围内发泄怒气。有一次我们隔着桌子面对面坐着谈话，璞润妈妈猛地站起来，把勺子扔在饭桌上，双手叉腰，用愤怒的眼神看着我，说了一句话："你这个狗崽子。"

"哎呀，不要这样嘛。"

我没有一丝怒气，很自然地说出这句话。

然后璞润妈妈马上就反应过来自己做了什么，真心向我道歉。她说小时候在饭桌上听爸爸唠叨的时候，就想像现在这样扔一次勺子，这次是把她爸爸的形象投射到了我的身上。

❧ 不是我的错

如果有人骂你"狗崽子"，你会生气吗？

如果生气就回头看看，如果自己身后有尾巴，那的确是狗崽子。自己本来就是狗崽子，别人这么喊你有什么可生气的呢？如果回头看了之后发现身后没有尾巴，那么你就不是狗崽子而是人。如果还是生气，说明你相信自己是狗崽子。如果身后没有尾巴，就不要在意这句辱骂，直接走掉就是了。

同理，我的孩子无法让我动怒。孩子的语言和行动已经像镜子一样照出了我的内心，是我自己选择了动怒，所以要对孩子说："不是你的错。"如果孩子没有听到这句话，就会把责任都揽到自己身上，觉得自己是罪人。

我和璞润妈妈从相互依存的关系发展到"夫妇有别"的相互独立关系的过程中发生了多次争吵，都是因为一句话："说，我错了。"

本来我们的对话很愉快，璞润妈妈突然来了一句："说，我错了。"我的心情就突然变糟。

我曾经是"少年家长"，是以英雄的身份活着的人。再加上婴儿时期被妈妈抛弃，所以潜意识里又觉得自己是犯了错的。竟然让这样的我说"我错了"，而不是向我承认她自己的错误，这话在我听来和让我跪地求饶没有任何区别。

"我哪里错了？你为什么总想赢自己的丈夫呢？丈夫跪地求饶对你有什么好处呢？"

这就是我们夫妇争吵的主要桥段，吵累了之后我会说："行吧，我错了。"

"我错了呢，呵，原来我错了。"

不过这样做也不对。我不知道要说什么才能解决这个问题。后来甚至和她对话很愉快的时候都会害怕，不知道什么时候对话就会出问题……

后来有一天，我读了弗洛伊德的书，才理解了为什么璞润妈妈会对着我说:"说,我错了。"弗洛伊德小时候曾经期盼自己的弟弟死去,后来弟弟真的死了,他觉得弟弟是因为自己才死的,这种罪责感对弗洛伊德的人际交往造成了很大的影响。读了这篇文章后我突然想到璞润妈妈也有相似的经历。

璞润妈妈家里是一个男孩儿,四个女孩儿。她出生之后曾经听到家人说过"如果你是男孩儿就好了"这样的话。也就是说她的存在没有被看作是理所应当的。在她5岁的时候,弟弟出生了,但没过几个月就死掉了。在当时的年纪,她以为弟弟的离开是自己的责任,非常自责。

璞润妈妈小时候曾经问自己的妈妈为什么弟弟死了。在重男轻女的家庭环境下,痛失爱子的妈妈对她说:"因为你抽风,大喊大叫。"妈妈说这句话其实是因为过于伤心,想让女儿安静一些。但这对璞润妈妈的人生造成了很大的影响。听到这句话的瞬间,璞润妈妈觉得自己就是杀害弟弟的凶手。

在那个瞬间,璞润妈妈想要说这样的话:"妈妈,人怎么会因为别人吵闹就死掉呢?妈妈你说错了吧?妈妈你说,我错了。"

璞润妈妈是把自己妈妈的形象投射到了我的身上,当她心情好的时候,这种愉悦的能量会让她触及自己的内心,想去解决自己心里的问题,所以才让我说"我错了"。

这下我就都能理解了。我放下书去找璞润妈妈,问她:"你想听我说什么呢?"璞润妈妈丝毫都没有犹豫地说:"说,我错了。"

她这么说并不是想要为难我,也不是想让我跪地求饶满足她的胜负欲。为了我深爱的妻子,我也不是不能顺从她的意思。

"好，我错了。"

我说完之后，璞润妈妈让我再说一遍。

"我亲爱的女儿，你能来到这个世上真是太好了，你没有过错。"

我试图去触碰璞润妈妈小时候的悲伤。

"我亲爱的女儿，你能来到这个世上真是太好了，你没有过错。"

璞润妈妈开始哭泣。

"虽然我一点都不觉得悲伤，但是却止不住地哭泣……老公，谢谢你。"

IMF 经济危机爆发的时候，我们的两项事业都停止了，债务缠身。我和璞润妈妈一起边做演讲边还债。璞润妈妈不分昼夜每天发表两次演讲，以致在去演讲的路上晕倒了，后来就得了惊恐症，连续吃了五年的神经安定药。当时的她完全感受不到春天的到来，生活中没有一丝乐趣。如果社会上有名人自杀了，璞润妈妈就会说："那个人不是简简单单就自杀的，是实在坚持不下去了。"

每次听到这样的话我都会觉得心惊：这种日子什么时候才能结束呀？所以在璞润妈妈得到根治之前我一直重复对她说："我亲爱的女儿，你能来到这个世上真是太好了，你没有过错。"

璞润妈妈听了这些话之后，开始躺在床上哭泣，但只是掉眼泪，没有出声。她连续哭了四天四夜。

哭过这一次之后，璞润妈妈虽然感觉像是活过来了，但是我握着只落泪不出声的璞润妈妈的手却害怕得要死。如果她能够哭出声音，我也不会觉得有什么，但是看到她无声流泪的样子，就觉得很陌生，想逃跑，但我咬紧牙关，无论怎样也要坚持下去。

璞润妈妈哭了四天之后就停止了哭泣。从那天之后就不再吃神经安定药，一直到现在都没再吃药。摆脱了罪责感之后的璞润妈妈拥有了疗伤的能力。因为她自己曾经长时间处在黑暗之中，所以她拥有了一项优秀的技能——能够把别人从黑暗引向光明。

人们把璞润妈妈称为"面谈的天才"，在我们夫妻二人举办的"治愈受伤的'内在小孩'"演讲活动上，无论是谁看到璞润妈妈面谈的场景，都会不自觉地发出这样的感叹。

上午我发表演讲，下午璞润妈妈和听众进行面谈。有一次璞润妈妈没有参加演讲，我也联系不上她，心里十分着急。就在这时，璞润妈妈满面春光地来到演讲现场，当天的面谈也进行得十分顺利。

演讲结束，回到家之后，我问璞润妈妈上午发生了什么事情。璞润妈妈说自己想在去会场之前洗个澡，但是看到自己抓着腐烂的粗绳子，高高挂在天上的画面，松开手好像就会掉下去摔死，但是一直抓着也要撑不下去了，正在矛盾的时候，想起了我演讲中的一句话："治愈就是观点的改变。"

"脑海里浮现了这句话之后，我就放开了双手，我没有掉在地上，而是掉在了天堂里，内心深处洋溢着喜悦。我跳起了舞，所以才去晚了。"她说，如果不是因为要去会场，她很难停止继续沐浴、跳舞。"在我放手的那一刹那，我听到内心有一个清晰的声音在说：'你能够完成治愈，你会走向世界。'"

放下执着，顺其自然，所有的一切都自动完成了，我的涅槃来了。所谓面对，是亲身去体验情感，允许它自由地在体内游走，打开自己能够打开的一切。

防御机制

♩♫ "面对"就是打破防御机制，和自己的情感面对面
沟通的过程。防御机制就是通过对自己进行伪装，来隐
藏真正的"自我"。

"防御机制"这个名词虽然是弗洛伊德首先提出来的，但是
因为他的女儿安娜·弗洛伊德所提出的"否认""压抑""投射"
等多种防御机制概念才被广为人知。此外还可以从约翰·布雷德
肖的《治愈束缚你手脚的羞耻感》这本书中详细了解其他的防御
机制。

所谓防御机制，是指"自我"受到压抑的时候，为了保护受
到情感创伤的"自我"，就会在潜意识里欺骗"自我"，试图对自
己遇到的状况用其他方式来进行解释的一种心理意识或行为。一
句话概括：防御机制是让自己不再是自己的谎言，即"伪装"。

防御机制会代替真正的"自我"。比如，虽然不是有意为之，
但自己还是会模仿父母打骂自己的孩子，孩子就会产生情感的创
伤，却不知道如何医治。

孩子的情感创伤就像是被刺扎到一样疼。成年人被扎到之后，知道就算是火辣辣地疼，也要把刺拔出来伤口才不会流脓。但孩子却没有这个概念。被刺伤后孩子会直接在伤口处缠上绷带，以为这样就不会觉得疼了，这个绷带就是防御机制。每次被刺扎到孩子就会缠上绷带，虽然这样可以起到防御的作用，但结果是孩子变成了无法感知情感的木乃伊。

防御机制能够帮我们顺利度过幼儿时期，成年之后，就会感受到它带来的不适，必须赶快丢掉这种防御机制。但问题是自己根本就不知道自己带有这种防御机制。防御机制可以让人感到害怕和不适，但因为自己只会做出这种反应，所以会以为这就是生活本身的状态。例如，小时候父母发生争吵，孩子会捂住耳朵逃跑。所以成年之后遇到争吵的情景，就会马上捂住耳朵。如果遇到的争执很严重，就会像小时候一样选择逃跑。父母作为家庭的脊梁都逃跑了，那孩子可怎么办呢？

防御机制中有多个层次，越是隐藏在潜意识的深处，就越难察觉，影响力也越大。

❦ 第一防御层：否认、压抑、投射

最内层的防御机制，即第一防御层是否认、压抑、投射这些在心理学上被广为人知的防御机制。对于这些防御机制，即便是学习了相关的理论用语，也无法知道它们具体会对生活造成什么样的影响，自己在生活中是否动用了防御机制。

所谓否认，就是坚信已经发生的事情没有发生过。野鸡相信自己被老鹰追赶的时候，只要把头深深地埋进稻草里就什么也不会发生。

酒精中毒者会否认自己酒精中毒，说自己随时可以戒酒，随后就会有一天左右的时间不沾酒，然后说："看吧，只要我下定决心，是可以不喝酒的。"

接着他就会找借口说今天郁闷，明天不开心，结果一年365天都在喝酒。这些人只有先承认自己是酒精中毒者，才有可能得到治愈。

最经常出现的否认现象是父母以爱孩子为借口而打骂他。父母不知道怎么用爱去抚养孩子，从而给孩子带来了伤害。孩子觉得自己的亲生父母不可能会伤害自己，所以否认这个事实。当父母以爱之名，以让孩子变得更好为借口打骂他时，孩子自己虽然记不清楚做错了什么，但是会接受自己因为犯错而挨打这个事实。孩子会把自己看作罪人，自我惩罚。

所谓压抑，就是把父母和自己都不认可的情感堆积到潜意识里。因为情感都被压抑到潜意识里，自己也就感受不到它的存在了。例如，父母不想让孩子做某件事，对他发火，威胁要抛弃他。孩子自己无法通过发火来排解，只能把怒气都堆积到潜意识里，形成愤怒。愤怒有多副面孔，被伪装后的愤怒会成为"罪责感"。

愤怒被压制，就像怒吼的狗被关在地下室里一样，会伺机而动。虽然自己多次下定决心"不能生气，要成为一个能够控制情绪的好妈妈"，但越是压抑自己，那种想要挣脱的力量就越强。就像是用力按压浮在水上的球，它凭借浮力跳上来的力量也会相应变强。然后如果刚好遇到一个小的契机，就会冲着对自己来说最安全的孩子和伴侣发怒。

如果压抑自己的怒气，那么其实被压抑的不仅仅是怒气，还有快乐。这样人就会变得忧郁，之后无论面对什么样的情感都会觉得羞愧。只要观察一个人的面部，马上就能够知道他是否在压抑自己的情感。因为要用力压抑这种情感，所以面部看起来会很紧张，而且面无表情。

投射，就是把自己内心被压抑的情感分类别转移到别人身上。例如，因为自己内心被压抑的愤怒已经无法再继续抑制下去了，就会从外部寻找可以转移自己怒气的对象。伸张正义的人会对那些不够正义的人进行责难，从而在他们身上泄愤。从深层次上来说，虽然自己想在父母身上泄愤，却没办法做到这一点，所以转变了泄愤的对象。

在我们所处的社会中，如果以正义之名用自己的愤怒攻击别人，可以不去承担相应的责任，甚至还会产生一种自己很崇高的感觉。但是愤怒仅仅是愤怒，和正义并不沾边。所谓正义是不让任何人的利益受到损害的公平公正。不谈公平公正的正义最后都会受到指责。在用正义包装的愤怒之下，隐藏着自己的羞耻心，当褪下这一层包装，羞耻心就会马上显露出来。

🌱 第二防御层：角色

防御机制的第二层是角色防御。在原生家庭中，如果家庭的设计者——父母不能够很好地扮演自己的角色，那么子女会自动代替父母的角色。子女会根据自己的出生顺序，或者是所处的环境，来代替父母的功能，扮演不同的角色。

如果夫妻之间互相失望或者存在矛盾，就会有孩子扮演父母配偶的角色。有些孩子会通过撒娇来缓解紧张的气氛，有些孩子会照顾父母之间的感情，做父母羞耻心和愧疚感的情感垃圾桶。也有的孩子会降低自己的存在感，扮演被遗忘的孩子的角色。还有的孩子总是会制造麻烦，充当家里的捣蛋鬼和"吞金兽"的角色。

捣蛋鬼虽然是家里的麻烦，但得益于扮演这个角色的人，家庭才得以维持。如果夫妻之间的关系变得紧张，面临家庭解体的危机，就会有一个孩子捣乱。父母会因为要共同应对孩子的紧急问题暂时休战，这样危机就会过去。如果父母的内心依然充满紧张感，孩子就会不知不觉地重复同样的行为。

在我们家，我充当了两个角色。一个是减轻家庭里的羞耻感，代表家里人向别人表明这是一个不错的家庭的英雄角色，以及从小就要承担一部分生计的"少年家长"角色。

我从小就是家里的英雄。爸爸喝酒之后，经常会在田埂上发呆。他年轻的时候几乎每天都会喝酒，周围的人会来告诉我："你的爸爸在哪里哪里待着。"我会拉着手推车去找他，特别丢人。就这样我从很小的时候开始，就经常把在酒馆喝醉了之后耍酒疯的爸爸带回家。

在极度贫困的家庭里有这样一个父亲，只会在小乡村里被指指点点，被认为是可耻的事。我懂事特别早，发现如果不学习就不能摆脱当时贫穷和艰难的处境，所以就拼命学习。

日子这样一天天过去，有一天同村的大叔听说我考上了首尔大学，把我喊住问道："听说你考上首尔大学了……真的考上首尔大学了吗？"

我从小就扮演着英雄的角色，也认为这就是我应该有的样子。我必须努力，必须持续不断地奔跑。一旦休息就会觉得不安，想要去做些什么。虽然只要开始做，无论做什么都能做好，但是内心还是很焦虑。

父亲在战争中负伤后就丧失了经济能力，所以我要帮助妈妈一起解决生计问题。比如送报纸，在其他学校开运动会的时候去卖冰棍儿；为了参加学校的郊游，会抓鱼、蛇、田螺，到市场上卖掉；在军队的射击场上捡子弹去卖，再去买面条和面粉；到了七八月份的时候，在骄阳下采摘红薯秧，到市场上去卖。我就这样度过了我的童年时期。

当我没有意识到自己从小就担任了"少年家长"角色的时候，很难理解为什么有些人即使获得了父母所有的帮助，但仍然什么都做不了，只会说"我不行"。

其实，角色和"我"有所区别。我知道了角色其实是防御机制，所以放下了英雄和"少年家长"的角色，丢掉角色就是丢掉自己的这种想法。在这个过程中我不知道哭了多少次，发泄了多少次怒气。现在内心终于平静下来，不会再去自动扮演英雄和"少年家长"的角色。

🌱 第三防御层：性格

防御机制最外面的一层是性格。大家都知道，性格会受到遗传因素很大的影响，阿德勒心理学用"生活方式"和性格相提并论，从而揭示了后天环境的重要性。

我是一个性子很急的人。因为从小看多了父亲喝酒之后懒懒地躺在那里的样子，所以下定决心不会像他那样生活。开会的时候，其他人动作稍微慢一些我就会生气，我会先行动起来。

我吃饭也非常快。小时候家里没有单独吃饭的碗，食物都是放在一个锅里，如果动作稍微慢一点，就没得吃了，久而久之我就养成了快速吃饭的习惯。

这些都是我小时候为了顺利活下来养成的习惯性防御机制。虽然能够对幼年的我提供帮助，但是对我成年之后悠闲而又安稳的生活造成了妨碍。

每个人的性格防御形式都不同，有些人内心充满了怒气，遇到事情只会埋怨，会表示不满。这些人之所以爱发牢骚，是因为内心住着一个受伤的"内在小孩"，当他们想要向别人靠近的时候，因为害怕再次受到伤害，所以为了不让他人接近自己而进行防御。但是深入他们的内心就会发现，他们其实很孤独，内心有着强烈的想要靠近别人的欲求，却没能得到满足。

也有些人总是面带苦相，哼哼唧唧，喜欢依赖别人。这些人的潜意识里充满了悲伤，内心可能住着一个无法表达自己悲伤的受伤的"内在小孩"。在他们小的时候，虽然可以自己一个人完成某件事情，但是父母却不愿意等待，而是以一种好父母的姿态来帮助孩子。孩子就会选择压抑自己的欲求和情感，选择成为一个没有出息的、喜欢依赖别人的人。

如果一个人喜欢多管闲事，总是想帮助别人，那么他的隐藏性格其实是和他的父母之间关系淡漠，习惯独自承受孤独。当他到别人家做客时，就算没有人要求他帮忙洗碗，他自己仍先戴上了红色橡胶手套。

我并不是鼓励大家不给别人提供帮助。通过帮助别人如果可以找到自己内心的爱，带来愉快的结果，那么帮助别人就是表达爱的过程。但是有我上面提到的这种性格的人在帮助别人的时候，如果没有得到别人的反馈，他们就会生气。如果在家里招待客人，但没有人帮忙洗碗，那么他们之后就会在别的地方抱怨没有任何人帮自己洗碗，但他们又不会主动开口寻求帮助。因为不想面对自己内心孤独的情感，所以会通过给别人提供帮助来隐藏它的存在。

知道了防御机制的存在之后，就要去面对它，放下它。但是真正做起来却并不如说的那般容易。因为是从小就熟悉的东西，一旦放下，就会有深深的失落感。卸下防备之后，就可以到达一个全新的境界。如果一直抓着不放，就会觉得自己是正义的牺牲者，总是认为自己是对的。

受到防御机制的影响，人总是会去限制自己，常常会觉得恐惧、痛苦。虽然这一点好像让人讨厌，但同时也能让人感觉到一丝快感。当感到痛苦时，也因为比别人体会到了更大的痛苦，而获得"我拥有的痛苦更多，所以我赢了"这种扭曲了的快感。

斯科特·派克在《少有人走的路》中提到，人们在无限的自由中反而更难做出选择和承担相应的责任。有了防御机制之后，人就不用对自己的生活负责。人处于这种伪装之下，怎么能够活出自己的人生？一个没有"自我"的人，又怎么能够和别人一起创造新的世界呢？

放下防御机制，就可以创造出富有活力的生活。因为生活充满了活力，所以人会心情愉悦，会以一颗感恩的心去面对生活。

哀悼失去

受伤的"内在小孩"意味着自己的欲求和情感没能得到满足，只能被压抑在潜意识里，只有通过放下——这种迄今为止从未尝试过的方式，去得到治愈和成长。

父母之爱本是孩子应得的爱，但如果父母不懂得这一点，就无法去爱自己的孩子。得不到就是缺失，这种缺失感存在于潜意识中。孩子在幼年时期会相信是因为自己不够好，所以父母才不爱自己，他并不知道其实是因为父母本来就不知道要去如何爱他。孩子会认为只要自己做得足够好，妈妈就会爱自己，所以会一直等待妈妈的爱。

如果一个人小时候的欲求没有得到满足，或者他的情感没能被理解，那么就会有一种想要填补情感空缺的渴望。所谓渴望，是一种对事物的执念。这种执念让人觉得好像只有自己拥有了某种外在的东西之后才能获得幸福。在获得之后，他会有短暂的满足，但是这种满足感很快就会消失，转而有了新的渴望对象。就像是人如果喝盐水，就会一直觉得口渴。就算是孩子长大之后，妈妈意识到自己的不足，给予孩子在他小时候没能得到的母爱，但是这种爱依然不会达到孩子理想中的渴求标准。

小时候，你把积木搭好就会受到称赞，如果把积木弄乱就会挨骂。你虽然学习了通过努力就能获得某种东西，赢得成功，但不知道不去努力，只要放下自己紧握的东西，就可以走向平静。努力会让人紧张，人一旦紧张就无法获得平静。所以"为了让自己不焦虑而去努力"这句话是不对的，努力本身就会带来焦虑。

想要得到治愈和成长，不能试图去抓住某些东西，而要尝试迄今为止没有尝试过的方式——放下。不要试图用外在的事物来填满自身的渴望，要去面对你内心没能被满足的欲求和情感，然后再放下。哀悼失去就是治愈的过程。不要为了绝对得不到的某种外在的东西而用力挣扎，现在开始去接受不能得到这个既定事实，亲身去体会这种失去，学会放下。

对失去进行哀悼并不是选择回避。不去面对自己的欲求和情感才是回避，而失去是被压抑在潜意识里的。如果选择了回避，就会一直想要抓住某种东西，潜意识里会被悲伤填满。

受伤的"内在小孩"为了等到妈妈的爱，会听妈妈的话，在某个黑暗的地方待上几十年一动不动。怕自己一旦离开，妈妈就会找不到自己，但是自己对于这件事情却浑然不知。这个地方可能是洞穴、房间、监狱、地下汹涌的熔岩，或者是沙漠，当然也有可能是被妈妈抛弃的街道，也可能是曾经等待妈妈的胡同中的某个地方。

潜意识里那个黑暗的房间虽然让人觉得熟悉，但是周围没有任何人，待在里面会很孤独；因为没有光，所以很荒凉、很冷。从潜意识的黑暗中走出来，走进意识的光明中的过程就是面对的过程。承认自己无法得到妈妈特别的爱，接受自己不管如何等待，妈妈都不会到来的事实，用身体经历随之而来的各种感情，然后放下。

由于一直期待着妈妈给予自己的特别的爱，就会因此忽视伴侣和子女对自己的爱。所谓"特别"，总是和比较、先后顺序相关，只有在做对比的时候才会使用"特别"这个词。在得到丈夫的爱的时候，觉得自己需要先得到妈妈的爱，所以会把丈夫的爱推开。因为丈夫的爱和妈妈的爱不同，所以会推开丈夫的爱。对于子女给予自己的爱也是一样的。

去接受自己无法得到妈妈特别的爱，接受妈妈不会来的事实，内心深处就会觉得委屈。

"好委屈哦，好委屈。"浪费了那么长时间，等待了这么久，却始终没能等到妈妈的爱，该有多委屈啊。但只有经历了这个过程，才能得到治愈。

第 三 章

成长：
自我认知的
过程

意识指导

♫ 人生在世，所有的疑问都归于"我是谁"，成长的初期只会看到"起舞的我"，经过治愈的过程后就能发现"审视自身的我"。

成长就是观点的改变。从恐惧到爱，从虚假到真实，从不存在到存在，是自我的认知发生了变化。

人生所有的疑问都归于"我是谁"。

对此一无所知的人，当他的恐惧消失，向着存在的根源——爱靠近的时候，如果问道："你是谁？"他也可以毫不犹豫地回答："我就是我。"

对于"我"来说，前面有一个起舞的"我"，后面有一个审视自身的"我"。如果将前面的"我"称为"小我"，那后面的我就可以被称为"大我"或"真我"。

在成长初期，因为情感瞬息万变，所以只能看到起舞的我。但是当你直面情感，去经历拨开云雾的治愈过程，就会发现永恒不变的、一直审视自己的那个我。成长不会发生在"起舞的我"

身上，而是需要凝视"审视自身的我"。

"审视自身的我"并不是通过理论来认知的。只要时机成熟，从恐惧中解放出来，那么谁都能够做到。

特别是在指导下经历重新作为胎儿出生过程的人，会立即认识到自身是绝对不能受到伤害的通透的存在。

我们存在的根源在于爱，这一点无法进行说明或者证明。因为语言是一种象征，是"对于某种事物"进行说明，并不是"它本身"。举个例子，"对于猫"可以进行说明，但是无法解释"猫"本身。所以"证明"就相当于同语反复，而且是不可能的。但是，如果是大家都经历了同一种事物，是可以进行考证的。

璞润教育的根本性原理是关怀备至的爱，给予孩子足够的爱，孩子可以很好地成长。我从二十四年前开始进行演讲去传播普拉美教育，很多人参与进来并进行了实践。确实有很多孩子接受普拉美教育后成长为知性和感性兼备的人才。

然而，并不是所有的父母都能接受这种模式。一些父母觉得和自己无关，从刚开始就不关心；一些父母是带着热情开始，但是中途感觉到困难就放弃了；还有一些父母在孩子很小的时候会好好培养，但是到了小学阶段后，因为成绩受影响就动摇了。但仍有父母坚定不移地践行，开始在社会上变得有名望，成为新的楷模，并正在传播这种教育理念。

教育的原理都是相同的。那么，为什么会产生这种差异呢？为什么当孩子进入学校之后，家长会热衷于相互比较，开始变得焦虑呢？

我在很长一段时间内都在怀疑，在接受并践行这种教育理念的时候，家长会显示出这么大差别的原因，是不是源于人的内心意识的层次不同。把种子撒在路边，会有一些落在石头上，有一些落在荆棘丛里，有一些落在肥沃的土地上。而落在肥沃的土地上，就会结出丰硕的果实。我从经验中模糊地感知到，每个人因为意识的差别，看待世界的眼光也不一样。但想要准确地去说明这一点，让大家理解，会比较困难。善于抚育孩子的父母，会用孩子的光照亮自己的影子，意识到自己也需要成长。但是因为不知道成长是什么，应该朝着怎样的方向去努力，所以思维比较混乱。

我在十年前接触到戴卫·霍金斯博士的"意识指导"，所有的混乱开始消失，思路变得明晰起来。霍金斯博士把人的意识层级进行数据化，可以帮助人们很容易地去理解在不同的意识层级指导下发生的行为差异的特性。在过去的十年里，我读了包括他的初期三部曲《意念力》《我的眼睛》《意念力：激发你的潜在力量》及《放手》《治愈和恢复》等十多本书，特别是《意念力：激发你的潜在力量》我读了十四遍。

意识层级图从最低的水准 0 开始，到最高的 1000，把意识层级用数据表现出来。这个数据作为对数值，如果出现 5 分的差距，相对应的就是 10 的 5 次方——十万倍的能量差异。

父母因为有孩子这个伟大的老师，所以可以瞬间提升意识层级。观看意识层级图就可以知道，去爱我孩子本来的样子，这种深切的爱的意识，是人类在现实中可以达到的最高的意识层级。

育儿可以让父母得到成长。父母如果不成长，育儿是很困难的，但直到现在才诞生了把育儿和成长结合在一起的新领域。

从最低水准到最高水准的意识层级依次如下：

1. 羞耻心（20）

对自己的存在感到羞耻的人会把自己进行物化，或者降低自己的存在感。羞耻心的特征是压迫除了羞耻心之外其他所有的情感，以至于让人体会不到其他的情感。不会哭、不会笑，甚至都不知道这是因为自己的羞耻心在作祟。为了能够调动自己的情感，会对上瘾和强迫产生依赖。

约翰·布雷德肖在《治愈束缚你手脚的羞耻感》中引用格森·考夫曼的话指出，羞耻心是引起所有精神疾病的核心要素。

羞耻心可以诱发引起内心混乱的绝望、疏离感、自我怀疑、孤独、偏执症、精神分裂症、强迫行为、强烈的劣等意识、警惕性性格障碍、自恋等。

背负着羞耻心的人无法直视他人的双眼，甚至不敢直视自己的眼睛。走路的时候总是低着头，害怕在别人面前说话或者表现自己，会想方设法避开这样的场合。虽然自己像个透明人一样活着，但如果他人触及了自己的羞耻心，就会立即表现出对他人的失望甚至愤怒。虽然羞耻心可以压制其他所有的情感，但唯独无法控制被压抑的强烈愤怒，所以怒气才会突然爆发。如果在保证安全的情况下正确地发泄愤怒，就可以打破自己的羞耻心。

有一些人看起来很安静，很善良，直到他引发的重大恶性事件被曝光，周边的人才后知后觉地表示惊讶。人为了隐藏自己充满羞耻心的事实，会努力获得社会声誉，或者隐藏在具有正义的自豪感后面，但总有一天会露馅儿。

在羞耻心这个意识水平上感受到的情感就是耻辱。

要想摆脱羞耻心，需要有人——哪怕是只有一个人，去爱自己原本的样子，或者在对自己来说很安全的人面前公开和面对自己的羞耻心。所以我们在对学员进行指导的过程中，在他公开了自己的羞耻心之后，会让他加上一句"所以又怎样呢"，来引导他去面对自己的羞耻心。比如说，如果学员觉得自己学习不好并且对此表示羞愧，会这样说："我是差生，英语考试只得了3分，这又怎样呢！"

如果一个人有贬低别人的想法，我们就会让他在众人面前大声喊出来："我是一个充满嫉妒心的人，所以这又怎样呢？"

2. 罪责感（30）

如果说羞耻心是针对自己的存在而产生的一种情感，那么罪责感则是针对自己的行为产生的情感。罪责感还可以成为羞耻心的防御机制，因为产生了羞耻心之后会让人更加痛苦，所以会用罪责感来进行防御。

罪责感是对采取了某种行动的自己进行惩罚，如果觉得惩罚自己很痛苦，那么就会将这种情感投射到他人身上，向他人泄愤，责难他人。

罪责感在教育体系中被广泛使用。例如，当有人由于无知而失误，就会被责备"都是因为你，才会这样"，从而带给他罪责感。失误和做坏事必须区别对待。失误的人意图是好的，只是结果出现了偏差。而做坏事的人从一开始就意图不良。

无论在什么情况下，孩子都会爱自己的父母。在孩子的语言和行动中，不会有想去嘲笑和捉弄自己父母的意图。苏格拉底曾说过，人生来是善良的。孩子会因为不熟悉而出现失误，如果父母能够亲切地告诉他："没关系，一直做下去就可以做好。"孩子就会在这个过程中学习和成长。

有人认为罪责感可以让人的行为更正直，是良心的基础。如果是正常范围内的罪责感，可能会起到这样的效果。但即便是同样的一件事，比起为了不受到责难带着罪责感去做，显然因为热爱而去做会更开心，效率也会更高。比起为了不挨父母的骂而做家务，不做家务就会产生罪责感，显然为了家人能在一个干净的环境里幸福地生活而去做家务，会觉得更加快乐。

3. 无力（50）

无力是指因为觉得体会自己的情感很痛苦，所以就切断了自己的情感，处于一种无情感的状态。例如，小时候挨了打，如果大声喊叫，只会被打得更厉害，而且也没有任何人可以保护自己，那么孩子就会切断自己的情感。

切断情感并不意味着理性也被切断，依然可以努力学习成为成绩优秀的学生。但是结婚有了孩子之后，当你需要面对自己受伤的"内在小孩"时，会感受到极度的无力。对于必须做的事情，会有意识地强迫自己去做，但不会有真正想做的欲望。即便有不正当的事情发生在自己身上，也无法去面对，会无条件选择回避。

在对小白鼠做实验时，被电击后变得习得性无助的小白鼠，就算给它打开笼门，它也不会逃跑。但是其中也有一部分小白鼠绝不屈服，只要门被打开了，它依然会选择逃跑。小时候得到过关怀备至的爱的人，绝对不会向不正当的事情屈服。

当你处于无力的意识状态时，会产生一种谁都帮不了自己，做什么都没有用的绝望感。连自己的亲生父母都无法相信，还能相信谁呢？

处于无力的意识状态的人，会觉得好像被什么抓住了一样，觉得烦闷。另外，在面对羞耻心和罪责感的时候，也会有瞬间的无力感。感觉浑身没有力气，甚至手指头都懒得动一下，同时又觉得内心很安宁、很疲惫，这时候充分休息之后就能重新打起精神。

4. 悲伤（75）

悲伤是因为一个人丧失了赋予自己价值的外部对象时所产生的反应。就像是丢失了自己的一部分，感觉失去了获得幸福的根源。如果悲伤不能表达出来，那么人就会被悲伤吞噬，引发忧郁症。

产生悲伤的原因是执着于已经失去的人、对象，或者对失去事物的想法、记忆、形象等。如果能够面对这份执念，大哭一场把它送走，那么就能体会到自由和安宁。幸福并不依赖外物产生，而要从自己的内心发现。

治愈的过程从表达自己的悲伤开始。面对悲伤的时候，虽然会觉得无力，但是开始哭泣之后，无力感就会消失。经历过面谈的人都会知道，陷于无力的状态时，会拒绝进食。一旦开始哭泣，就会有了精神，开始进食了。

能够哭出来不是一件容易的事情。就算是在特别悲伤的时候，也很难痛哭一场。尤其是之前因为哭泣而挨打的人，更不怎么会哭，看到别人哭也会觉得不适。

但在面对悲伤的过程中，一旦开始哭泣，就会哭得停不下来。肥皂可以洗涤我们的身体，哭泣可以净化我们的心灵。要尽情地哭泣，不然头会疼。

不过，如果开始哭泣，就会一点点找回年幼的自己。人只有把被压抑的悲伤都哭出来，哭泣才会停止。这样就不会在他人哭泣的时候觉得不适，也会和他们产生共情。

5. 恐惧（100）

人之所以恐惧，是因为发挥了强大的想象力，乃至分不清幻想和现实。所以恐惧会在孩子 5 岁前后、形成了抽象思维和形象化能力的时候出现。虽然电影展现的并不是实际发生的事情，而是被加工了的场景，但观看的人还是会感到惊险和刺激。

狗会在老虎面前产生恐惧。这种恐惧感可以提升狗活下来的概率。但是由于人的想象力十分发达，即便是没有受到外部的威胁，内心也会变得不安。处于悲伤意识层级的人，可以感受到一阵阵的恐惧。之前因为压抑了自己的情感，所以感受不到它的存在。一旦打开情感的阀门，就能体会到恐惧的感觉。

而成长则始于去经历之前由于害怕而没能经历的体验。体验恐惧的时间最长也不会超过 30 分钟。虽然身体在瑟瑟发抖，脸色惨白，但是通过想象去体验身体死亡的恐惧之后，就会变得无所畏惧。人内心的不安会消失，变得十分平和。如果为了逃避恐惧，将它压抑在潜意识里，就算没有受到外部威胁，身体也会发出有紧急状况的虚假信号，诱发恐慌障碍。

恐惧源自孤立无援的状态，倘若能和身边的人发生联系，恐惧就会消失。所以，当恐惧袭来的时候，可以给信任的人发信息或者打电话，告诉他自己的恐惧。

如果很难独自面对恐惧，那就先释放自己的怒气。当愤怒消失，恐惧也就一起消失了。

6. 欲望（125）

欲望就是想要去做某件事情，或者想要拥有某件东西。因为害怕而没能尝试的东西，都会以欲望的形式在意识中呈现。"我不行"其实不是说自己没能力，而是因为害怕，所以不去做。

欲望源于有机体的饥饿。如果欲望能够得到满足，会产生暂时性的大功告成的感觉。人可以转而去关注自己的内心世界，去追求爱情、平静、自由和快乐。

欲望可以让人行动起来，所以欲望本身并没有什么可指责的。如果把欲望转化成对教育、健康的渴望等有益的行为，那么对社会也是有益的。问题是如果相信自己幸福的根源来源于外部的事物，把自己独有的价值赋予外在的事物上，执着于追求这种价值、获得这种价值，就会把自己变为奴仆。

特别是如果你想要填补幼年时期没能被满足的欲望，随着自己的渴望越来越强烈，就会发现无论怎么去填补缺憾都无法填满，结果就是感到一阵空虚，然后会对强迫和上瘾形成依赖，毁掉自己的人生。从更深的层面来说，强迫和上瘾的根源是对妈妈关怀备至的爱的渴望。

有句话说："在苦痛消失的过程中涅槃重生。"阻拦我们靠近爱的所有障碍，其实都会成为我们通向存在根源的大门。

7. 愤怒（150）

如果欲望没能得到满足，就会产生愤怒。如果内心充满怒气，不仅会讨厌别人、攻击别人，对自己也是有害的。愤怒就像炭火，在把它丢给别人之前，自己在抓着它的时候也会被烫伤。

人在愤怒的时候会想要通过攻击别人进而控制别人。想要控制别人的欲望越强，受到抵抗的力量也会越大。相较于用愤怒去改变世界，不如用关怀备至的爱去抚育孩子，用这种爱去影响社会。

防止自己动怒最好的方法是意识到大家都是一体的，减少期待，放下想掌控一切的欲望。

8. 自负心（175）

不从内心去寻找自身存在的根源，而是仍然停留在关注金钱、名誉、学历等外在事物的阶段，这是在认为自己的信念、想法、意见、态度等优于别人，属于一种傲慢的态度。

有了自负感，就会对对方产生轻蔑。因为内心有一部分羞耻感，而自己很难面对那个部分，所以通过对别人表示轻蔑，来防御自己的内心。如果羞耻心暴露出来，就会表现出对别人的嫉妒，进而诋毁对方，并且这样的人喜欢被阿谀奉承，对于无视自己的人很敏感。

自负就像是用虚伪充满的气球，不知道什么时候就会爆炸，丢失了一个人的颜面。在社会名流中，经常能看到有人一瞬间堕落为无耻之徒，这是因为他们没有跨过自负这个阶段。

对于自负，最好的解药是感谢和感恩。真正谦虚的人不会有自负感，他们实事求是，并且至少在当时会承认自己在特定领域是最棒的。谦逊的状态是摆脱了防御机制——"假装"之后的状态。当有人发自肺腑地称赞你"真了不起"时，你却说"哎呀，没有，没什么了不起的"，这并不叫谦虚。这会让对方成为阿谀奉承的人，带给对方的是由于阿谀产生的羞耻心。谦虚是"谢谢你看到了我的强项"，这句话并不带有向上膨胀或向下贬低自己的自负感。

力量分为两种，一种是依靠武力的低力量（force），另一种是所有事情都自然而然地发生的爱的力量（power）。低力量逆水而上，但是爱的力量就像流水般顺其自然并且具有影响力。

事实告诉我们，低力量和爱的力量碰撞时，爱的力量总是会取得胜利。

从羞耻到自负的意识层级是受低力量的支配。因此意识水平会上升到自负心之后，重新下降到羞耻心。

但是，如果意识水平超越自负达到临界点，那么意识就会受到爱的力量的影响，向着爱的方向前进，总有一天会达到爱的意识层级。

9. 勇气（200）

从这个阶段开始是受到肯定的阶段。勇敢并不是没有恐惧的状态，而是虽然存在恐惧感，但还是愿意去探索未知的世界。成长是离开熟悉的世界，迈向未知的世界。

蜥蜴等爬虫类动物每天只走相同的路。如果原路上没有食物，即使稍微偏离原路的另一条路上有食物，蜥蜴也会饿死。勇气是脱离抗争或回避的动物性反应，是有意识地进行选择的状态。

勇气的重点在于行动。当你处于自负感层级时，主要关心利益。但到了勇气层级，你的内心就有更大的力量和能量，会把拥有的东西分享给别人，别人给予你东西你也能欣然接受，从而达到一种平衡。

只有达到了这个意识水平，才会开始关心他人的福祉，想要对自己的生活负责。在勇气意识层级上，工作、游戏和爱情之间能够达成平衡的状态，开始停止把自己等同为在前面"起舞的我"，开始认识到在后面"审视自身的我"。

10. 中立（250）

如果达到中立意识，不平衡感就会消失，会充满积极的能量。在中立意识层级上时，会相信生活基本上都是好的，甚至会表示："这次事情能够成功固然好，如果做不到也没关系。"

拥有这种意识的人会对世界充满自信。他们不会拉帮结派，也不想控制他人，而且对自己的自由也很珍惜，所以也不受别人的控制。

11. 自发性（310）

自发性是具有高度自尊感的意识水平。处于中立意识层级时，会适当地进行工作。但达到自发性意识层级时，会对所有事情倾注最大心血，最终获得成功。

具有自发性的人会放下自负感，甘愿看到自己的不足，从而向别人学习。一言以蔽之，处于这个意识层级的人会成为一个进行自我矫正的学生。另外，也会成为社会中的中枢领导人，在别人请求帮助时，他们会怀着怜悯之心乐于帮助。

12. 接受（350）

达到这个意识层级的人，可以接受在潜意识里分离出的自己的阴影。

一个人处于这种意识层级时，会从追究"对"与"错"的道德主义判断中解放出来，原谅过去，摆脱罪责感。人处于接受的意识层级时，比起做些什么，更关心形式和质量。无私奉献是这一意识层级的特征。

13. 理性（400）

理性可以让人处理非常复杂的数据，并迅速做出判断，也可以让人运用象征，创造出现代文明。但是由于思维局限，有时不能区分真实和谎言。

14. 爱（500）

爱虽然无法证明，但可以被检验。爱是阻挡爱的障碍物消失后自然迸发出的能量，是超越想法和感情的状态。到达爱的意识层级之后，分歧就会消失。爱分享越多，自己也会拥有更多爱。

15. 关怀备至的爱（540）

这是一种不需要任何条件的爱。不会制约任何人，也不会为了得到别人的爱而提要求。不管别人怎么样，爱会始终存在。

没有判断和比较，热爱万事万物，爱他人原本的样子，这样对方也会觉得自己本身就是值得被爱的。人的内心会充满喜悦和平静，在充满关怀备至的爱的日常生活中，治愈会奇迹般地发生。人在这个意识层级时，不存在任何障碍，所以"与其他事物合为一体"是可能的。

虽然一个人也会因成长阶段或处境的不同，同时具有不同层级的意识水平，但是会有一种主要的意识层级支配其语言和行动。根据意识水平的不同，相信的真相也会有所差异。例如，在关怀备至的爱的意识中，原谅是理所当然的，但在罪责感意识中，复仇是理所当然的。在关怀备至的爱的意识中，通过分享就能知道自己拥有的是什么。但在罪责感意识中，会认为给予别人之后自己拥有的就会减少、就是被掠夺了。如果相信罪责感是真实存在的，那么关怀备至的爱就会成为谎言；如果相信关怀备至的爱是真实存在的，罪责感就会成为一种虚像。

自我

所谓成长，是指从把前方"起舞的小我"当作自己，到看到背后隐藏的"真我"之后，并逐渐将自己同"真我"等视的过程。成长是放下"自我"，走向爱的过程。

爱是人的本性。只要通往爱的障碍物消失，爱就会自然而然地浮现出来。爱带给人的感觉用语言描述便是"光"，光照进来，黑暗会自行消失。"我们是光，是真理，是生命。我们高贵亦庄严，我们是一体的"这句话便是在传达爱的意识。

"自我"是指心理学中的"超自我"和人类动物性的一面，即在本能冲动之间找到平衡的"自我"。如果具有"自我"意识，就可以很容易适应群体生活。虽然以坚实的"自我"意识为基础，可以超越"自我"，追求更高阶的爱的意识。但如果执着于"自我"，那么它就会成为我们走向爱的关键障碍物。

"自我"在人的内心扮演着这样的角色：

"你赢了，我就输了。"

"你拥有了，我的被抢了。"

"自我"是"我"和"你"的二元性构造。这是因为，在人类历史上以狩猎为生的时期，必须区分进行狩猎的"我"——主体，以及要捕猎的动物"你"——客体，这样才有利于生存。由于语言也是"自我"的表现形式，所以也形成了这种二元性的结构，我们的大脑也习惯于二元性的思考。

人类的所有痛苦都源于二元思考。将主体和客体进行分离，就会出现源源不断的分歧，只有战胜对方才能获得幸福。二元思考会带来比较、评价与判断。

随着人类意识的成长，达到"爱"这个意识水平的人会告诉我们，"我们是一体的，二元性不存在"的真相。虽然真相只有一个，但谎言存在程度的差异和内容的差别，会进行无限增殖。当大家都相信了真相，那么就会是幸福的、自由的、快乐的。但若将谎言当作事实，自己的人生就会出现很多问题并且找不到解决方法。

"自我"相信有光就会有阴影。我们使用"光与影"这种表达，是认为两者皆真实存在，并且相互对立。光的确是真实存在的。光带有能量，会发热，但是阴影并不存在，阴影仅存在于语言之中，而并非实体。阴影只是在光照不足的情况下表现出来的多种形态。

"自我"将善与恶视作对立关系，但是真相是"恶并不存在"，恶其实是缺失了爱的状态。

"自我"的思考方式是因果互生的因果论式思考。先发生的被称为原因（A），后发生的被称为结果（B）。但事实上 B 并非因 A 而起。

罪责感总是存在于过去。即"过去我做错了这件事（A），因此我现在受到惩罚（B）"，但是过去是受当时的意识水平控制发生的行为，而现在是受当下的意识水平控制发生的行为。因此罪责感是不存在的虚像。

"自我"为了生存下来会不断地进行比较和判断。但是"自我"并不能辨别真实和谎言，认为只要拥有很多，就是赢家。甚至不光想拥有更多的幸福，还想拥有更多的不幸，会和别人竞争谁拥有更多的不幸。

如果一个人说他的胳膊受伤了，旁边的人就会说："那算什么，我不仅是胳膊，连腿也受伤了。"另一个人又会这样说："这点儿伤至于吗，我的胳膊、腿、眼睛都受伤了。"然后，大家都会沉默。

我们判断一个人的前提是了解他的全部。不仅仅是了解他在想什么、喜欢什么、讨厌什么、过去有过什么经历，还要知道和他有关的人的所有情况，才可以做出判断。但"自我"并不具备这种能力。

我们看似在审判别人，其实是在审判自己。因为"自我"会害怕自己也会受到和别人一样的惩罚和审判，会对自己曾经的行为在潜意识中带有负罪感。理解"自我"的结构，放弃判断和批评，就能找到平和的安适感。

成长就是放下"自我"，走向爱的过程。当"你拥有了，我的就会被夺走"这种意识上升到爱的意识层级，就会变成如下心境：

给予就是拥有的证据，如果不给予就不会知道自己曾经拥有。不曾拥有过又怎么可能给予别人，如果越分享，拥有的就越多，那么谈何失去呢？如果有人想要得到，那么大家都要得到。

"你赢了，我就输了。"这句话的意思是通过战胜对方来体现自己的独特。自己的特别之处在于对方不如我，因此，会在对方身上寻找不足，关注不足之处。虽然与从对方身上看到的微不足道、毫无用处相比，自己看起来更大胆、堂堂正正、干净、正直、没有污点、纯粹，但从对方身上看到的缺点实际上正是被压抑到潜意识中的自己的形象。

因为人的特别之处需要在比较中产生，所以追求特别就会带来痛苦。不管是优秀的人还是平庸的人，都有自己的特别之处。如果"自我"的意识占据了思考的主导地位，会认为这样很好。

虽然特殊性会将完整的个体一分为二，但爱是一体化的，所以不会产生特殊性。如果因为具有特殊性就高人一等，这就是对他人的轻蔑，也是一种对地位高于自己的人的嫉妒。但是人的本性并不存在可比性，存在即是一体，人人平等。

内心住着受伤的"内在小孩"的人一生都在等待妈妈的爱，他坚信只要自己做得再好一些，妈妈就会给予他特别的关爱。如果妈妈的爱变得特别，那么就不会去爱孩子原本的样子。所以说，要放弃追求妈妈特别的爱。

即使是妈妈弥补了小时候没能给予自己的爱，这份爱也不再是孩子需要的了。因为他不可能再次回到小时候得到应有的爱，他放下了这种失落感。

"我妈妈不会回来了，妈妈走好。"

离开妈妈长大成人的标志是放弃对妈妈特别的爱的执念。这样妈妈就不再是妈妈，而是像兄弟姐妹一般的存在。

如果放弃对特别的爱的执念，那么无论是妈妈的爱、丈夫的爱、孩子的爱、抑或邻居的爱，都是一样的。睁开眼睛环顾周围，会发现爱无处不在。

富有

♫ 贫穷的根源来自意识，而非物质匮乏。

贫穷不是因为物质匮乏，而是意识的问题。当我们听到这句话后，一开始肯定会很恼火，明明在很努力地生活，为什么财富却迟迟不来敲门。

假设有一把黄金制作的椅子。上帝说："这把椅子是你的，请坐。"这时，你会毫不犹豫地坐下去吗？

大家通常会有如下反应：

"不能说让我坐，我就厚着脸皮坐吧。"

"我要是坐了，别人就没地方坐了啊。我不能坐。"

"这是上帝赐予我的，那就坐吧。"

"会免费给我坐吗？肯定是有原因的。"

同样一件事情，大家会有多种反应。

富有是中立的。财富来不来敲门，在于你怎么看待它。

世上不存在偶然，我们的选择决定这个世界是怎样的。

人都会有自己所相信的。说"我不相信"，其实就是相信了"不相信"这个观念。对于财富，很多人的意识和潜意识里所相信的都有所不同。举例来说，有的人渴望财富，会这样祈祷："上帝啊，请赐予我财富，让我买房买车，买一切想买的东西。"

有的人由于过于缺乏财富，所以急于填补这个缺失，在意识中会非常喜欢金钱，其实他在潜意识里已经相信了自己的贫乏。

意识贫困是指"我不配富有"的心态。比如说一个妈妈离开孩子出国赚钱，孩子不知道妈妈为什么突然离开自己，会认为是因为自己犯了错导致妈妈离开。

孩子在妈妈离开之前，还没能说一句："妈妈，别走，我想和妈妈一起生活。"也没能表达妈妈不在身边的悲伤，以及对她不辞而别的愤恨。可是孩子自己都搞不清楚自己到底有没有这种情绪，又怎么能表达出来呢？虽然在翘首期盼妈妈的归来，但是想到妈妈是为自己出去赚钱，不得不强忍住思念。

有一个爸爸，生活中用钱的地方太多，经济上比较困难。他在潜意识里被压抑的情感爆发，哭喊道："为了狗都看不上的那点钱，妈妈没能在我身边。"

这里所说的"狗都看不上的那点钱"，是在用对钱的轻视表达对妈妈的愤怒。虽然妈妈是为了养家糊口才离开家的，但是受伤的"内在小孩"会觉得是钱抢走了自己的妈妈，所以有多少钱都会花掉。

我出生在非常贫困的家庭，从未真正拥有过什么。"我的"这个词汇对我来说尤其陌生。人在第一反抗期的时候要学会拥有，而我还没有学会它，就已经成了"少年家长"。我当时贫困到每天只要能填饱肚子就觉得幸福，我从没想过有一天我也能很富有，即便财富主动找上我，我也不会认为它是属于我的。

虽然贫穷会让人执着于财富，但从心理状态上来讲，会觉得有没有财富都一样。如果现实令我们痛苦，我们就有可能通过追求理想来逃避现实，从而成为身无分文的英雄。这样的英雄比起追求现实的财富，更加追求正义。因为这会让我们有一种奇特的想法，觉得理想高远，身无一物才是具有正义的表现。

被人当作英雄，让我培养了自己可以做好某件事的能力。在面对受伤的"内在小孩"之前，这种让自己成为英雄的信念其实是为了自己不再被抛弃，让自己得到所有人喜欢的防御机制。

我运营的网站效益好的时候，年销售额能够达到100亿韩元，但是一年内我在请客吃饭上就花掉了3亿韩元。只要和我见过面的人，我都会请他们吃饭，并承担所有费用。我还在偏僻的山村建了小型图书馆，建了璞润家庭教育馆。

我虽然在意识里希望自己能多赚钱，却不知道自己在潜意识深处有着"财富让我不能安心，我没有资格拥有财富"的想法。如果相信"我不会得到财富"，即使赚钱的机会向自己敞开了大门，也不确定这对自己而言到底是不是机会，于是从一开始就不会关注或选择这些领域。因为不去选择财富，所以也无法获得财富。

有一个母亲因为购物上瘾而疯狂消费。后来得知，这个母亲从小就被要求"在外应该成为父母的骄傲，但在家里不能表达自己的喜悦"的双重定位。那些控制孩子行为的母亲经常会传达这样的双重信息。在别人看来，她是个好妈妈，会为孩子做一切事情。孩子出了问题，她会用钱解决。但是她并不会为孩子取得的成就而感到开心。

比如，孩子在做饭，她就会唠叨"这个应该这样做""那个应该那样做"。如果孩子取得了成绩，虽然会向外人炫耀，但是并不会真心为孩子取得的成绩感到开心。妈妈会掩饰说，自己这样做是为了避免引起孩子骄傲，其实是因为在和孩子的较量中失败，勾起了自己内心深处的嫉妒心。

一般来说，嫉妒心来源于和他人的比较。比如，一个从未从父母那里得到过爱的女士结婚后生了一个很漂亮的女儿。如果丈夫是个女儿奴，这个妈妈就会产生嫉妒心理。自己从小没有从父母那里得到的爱，结婚后希望能够从丈夫身上得到，然而丈夫却把更多的关注给了女儿。妈妈内心深处受伤的"内在小孩"会认为是自己的孩子抢走了丈夫，从而想要打压自己的孩子。

如果遭到亲生母亲的嫉妒，孩子会是什么样呢？出门在外要为妈妈争光，但回家后就要压抑自己，像个影子一样安安静静地待在妈妈身边。在这种情况下，孩子的心会因为迷失方向而产生极度的混乱。一切的一切只有妈妈做的才是对的，孩子的感受每时每刻都要被否定。孩子为了生存，就要抑制自己所有的情感。而来自母亲的冷漠，会让孩子以为是自己做错了什么，会因此习惯性地顺从，成为善良的"乖孩子"。

双重信息是非常隐蔽的，不会被外人所知。如果跟朋友诉苦，朋友会说："你妈妈对你多好啊，你是身在福中不知福。"如果有人能够对接受过这种双重信息的人说："当时你一定很心累吧，没疯掉真是奇迹啊。"那么他一定会因为这难得的理解而当场痛哭。

如果你长期压抑情感，为了能够让自己有所感受，就会产生上瘾或强迫性行为。所有的上瘾和强迫性行为的根源都在受伤的"内在小孩"身上，那个购物上瘾的妈妈就是试图通过疯狂购物来调动自己麻木的情感。情感被压抑，对自己的存在感到羞耻，就会让人觉得忧郁和郁闷。疯狂购物时虽然能感受到短暂的放松以及由此带来的快乐，但快乐过后，潜意识里依然会反复出现忧郁和郁闷的情绪。

如果深入了解那个母亲疯狂消费的理由，就能发现她想要报复自己的妈妈。她报复的方式是这样的："因为我不幸福，所以我也不会带给妈妈幸福。既然妈妈认为钱最珍贵，那么我就要把钱花掉，来报复她。妈妈没有了钱，就会显露出隐藏在钱后面的双重面孔。如果能让妈妈屈服一次，我死也愿意。"

报仇就是带着愤怒，通过惩罚自己，让自己变得不幸，并以此来战胜自己的妈妈。

宽恕就是要放下自己心中的愤怒并走向爱的过程。原谅自己，放下胜负欲，就能够得到祝福，获得财富。

财富的多少取决于给世界带来多少益处。爱越分享越多，如果你把爱分享给很多人，那么被爱的人一定想要回馈于你，可能会奉上财富表示谢意。

以前我以为给予就是爱，现在我明白了用一颗感恩的心去接受别人的给予也是一种爱。以前，在请人吃饭的时候，为了减少内心深处被抛弃的羞耻感，我会想要从他人那里获得肯定，让他们认为"我是一个很好的人"。这样一来，吃饭的人会很不愉快，因为好像接受了我的请客就要认可我的情绪压力。

随着我的意识不断成长，即使我没有主动要求别人请我吃饭，要请我吃饭的人也越来越多。既然他们要给予我他们觉得好的食物，那我就感激地表示接受。接受没有任何条件，只是因为感激。

《相较于超市，我选择不动产》《三个孩子妈妈的财富秘籍》的作者，也是房地产领域里社会地位颇高的作家金宥拉，她十四年来用关怀备至的爱抚养着三个儿子，同时饱读诗书，从而获得了意识成长，并有了"自己就是爱的本体"的醒悟。我亲眼见证了她从贫穷的新婚初期开始改变对财富的意识，到逐步积累财富的过程。

金宥拉还帮助我对财富进行肯定。我认为金宥拉是实践了爱而成为富人的典范。可以说这是爱如何带来财富的具体方法的模范。

健康

面对受伤的"内在小孩"，将潜意识的观念引领到意识中，消除压抑的情感，身体的症状就会戏剧性地消失。

《奇迹课程》中有这样的句子："所有的治疗都是心理治疗，所有的疾病都是精神疾病。"

心理生理医学认为，心身疾病及其病症与压抑的情绪有关。

失去，带给人的主要情感是悲伤和愤怒。罪恶感是对自我的愤怒，用爱来抚慰悲伤和愤怒，病症自然会好转。下文将以璞润教育指导下的父母为例进行说明。

有个爸爸在还不到一周岁的时候，就被不堪忍受丈夫家暴的母亲抛弃了。由奶奶一手带大，所有的家务都由他自己承担。他驾驶手扶拖拉机时摔断了胳膊，却无人送他去医院，只能自己绑上夹板，靠着它渡过难关，但他从来不会哭泣。

他咬紧牙关，刻苦努力，终于在大企业就职，组建了幸福的家庭，生下了一个儿子。他尽心尽责地抚养孩子，内心却始终有个困惑：他想知道母亲离家出走的原因究竟是父亲的家暴，还是想要抛弃年幼的自己？这个问题一直困扰着他，因此他常常梦到无数的锁，却没有钥匙，怎么也打不开锁。这样的梦会反复出现。

这个父亲走路时一瘸一拐，起初我以为他的腿受伤了，后来才知道，他的脚底密密麻麻地长满了一元硬币大小的鸡眼。医生说："只能通过手术进行治疗。"可公司业务量太大，作为一个业务能力强的职员，他无法请假住院，所以对是否要辞职很苦恼。

有一天，璞润教育的相关人员去野营时，我听到了这个父亲儿时受虐的成长经历。出于对我的信任，他向我倾诉了自己的遭遇，一直哭到了天亮，我也和他一起哭了。

为了解决自己的困扰，这个父亲接受了我们的指导，后来才知道了真相。"身体虽然还有儿时的记忆，但是心理防御机制通过遗忘来逃避现实——妈妈抛弃了他，离家出走。一瞬间，梦里所有的锁都融为一体，沉入大海。"这个爸爸接受过指导后，儿时失去母亲的哀恸才得以宣泄。

再次见面时，这个爸爸不再一瘸一拐，而是走得挺直，劲头十足。人也变得开朗起来，仿佛重生了一般。原来他脚上的一个个鸡眼都是无法宣泄的悲伤。他健康起来了，公司也给了他关照，给他减少了业务量，并且加薪。他对我们表示了深深的感谢。

有一个母亲运用了璞润教育的方法来培养孩子。这个母亲在抚养孩子的过程中，摆脱了自己的罪责感，现在成为一名充满正能量的讲师，在璞润教育工作。她的孩子不曾去过外国，却能使用英语为交换生进行同声传译。对此她发表了育儿演讲，受到了很多人的关注。

还有一个母亲，脑下垂体肿瘤使她逐渐失去视力，同时还被诊断为不适合生育。如果怀上孩子，可能面临死亡的威胁。沉重的罪恶感让她一度想要轻生，甚至选好了自杀的场所。

当她生下第一个孩子后，孩子由于患有严重的过敏性皮炎，到了难以辨认面目的程度。看着孩子痛苦，母亲的心情又会多么难受呢？患过敏性皮炎的原因很多。其中，从心理学角度上讲：妈妈深深的罪责感，会潜移默化带给孩子。我忘不了初见这个母亲时她的样子——她的脸上写满深深的罪责感。

后来，她直面自己的罪责感，用关怀备至的爱抚养两个孩子。在接受我们的指导时，她的内心被触动，开始大哭、大怒，在情绪宣泄之后，诊断表明她的脑下垂体肿瘤也消失了。这是难以用医学来解释的。随后，她的孩子变得能够专注投入到自己所做的事情中，孩子的过敏症状也消失了，脸蛋变得光滑而美丽。如果看到这个孩子，就能感觉到他干净纯洁的心灵。即使是现在和这个妈妈相见，说起这场奇迹的发生，她也总是对我充满感激。经历过很多事情之后，我现在相信了"奇迹没有难易之分"这句话。

压力是万病之源。危机之下，为了生存，我们会通过抗争（愤怒）或回避（恐惧）来应对压力。每个人承受压力的程度是有限的。如果小时候受过很多伤害，潜意识中的压力已经爆表，那么成年后哪怕受到一点点打击也会觉得难以承受。相反，如果小时候得到了很多关怀和爱，内心没有什么压力，受到打击后对自己就不会有大的影响，这类人的自我恢复能力也很好。

父母的话对孩子会有很大的影响。孩子的意识会直接影响他自己的健康。露易丝·海在《生命的重建》中阐释了潜意识中的认知会带来什么样的症状。面对受伤的"内在小孩"，将潜意识的观念引领到意识中，消除压抑的情感，身体的症状就会戏剧性地消失。

正如前面所提到的，我十年前被诊断为糖尿病。那时我身高1.8米，体重达到84.5千克。看了乔尔·珀尔曼的《快速维稳的体重革命公式》才知道要想治疗糖尿病就要减肥。要想减肥，既要吃营养密度高的食物，也要运动。

减肥光靠运动是行不通的。运动可以让我们维持原有体重，保持身体健康。而要想减肥，必须调节饮食。营养密度就是把营养素的量除以卡路里得到的值。换句话说，吃营养丰富、低卡路里的食物，就会瘦下来。

为了减肥，我每天早晚要走8千米路，每天三餐吃糙米饭团，调节饮食。结果四十天瘦到67千克，瘦了17.5千克。也就是说，我一天瘦了五百克左右。但短期内暴瘦，瘦得皮包骨，脸也变得皱皱巴巴的，看起来像老了10岁。有朋友说我"好像骷髅"。减肥之后，我的糖尿病指数降至正常水平，医院诊断为没有糖尿病。不仅如此，高血压也一起消失了。

夫妇有别

♫ 结婚不是两个人的事，而是四个人——丈夫和丈夫内心的"内在小孩"，妻子和妻子内心的"内在小孩"，这样四个人的相遇。

丈夫和妻子结婚时，都是成年人了，没有什么可争吵的。如果两个人吵架，便是"内在小孩"在吵架。

两人初次见面，喜欢上和自己不同的人，继续保持这种关系，最终步入婚姻。生了孩子之后，如果"内在小孩"出现，便会因为彼此的不同之处而起争执。二十多年来，"内在小孩"在不同的环境下长大，一直认为自己的认知是正确的，一旦发生冲突，夫妻就会发生争吵。

女孩出嫁后去婆家，会觉得看到的人都很奇怪。璞润妈妈出嫁后，第一次来到婆家时，就是这样。她到婆家一看，发现都是一些奇怪的人。在家族聚会的时候喝了酒之后，大家开始聊起过去的穷困潦倒，所有人都哭了。哭了一会儿之后，大家会说："走好！明年再见"，然后笑着离开。下次见面又是喝酒，然后又都哭起来。璞润妈妈从来没在娘家看到这种景象，只会觉得奇怪、别扭。

如果无法理解"内在小孩"，那么会因为很小的事情发生争吵。例如，认为饭后应当及时刷碗的人，和认为把碗堆在一起一次性刷完才有效率的人相遇之后，将会争吵不断。

无论是男人还是女人，都想得到小时候未从父母那里得到的爱。结婚前可能没有意识到，但深入到自己的内心后发现，都是想要寻找能够再现父母生活的配偶。

举例来说，如果父亲一喝酒就会发怒、会和母亲吵架，在这样的家庭里长大的女孩，就会想找与父亲相反的，不喝酒也不会发火的男人。但是婚后发现自己的丈夫其实和父亲一样。丈夫虽然不喝酒，表面上对妻子不发火，内心却和父亲一样，满腔怒火，总是找碴，令人觉得冰冷、感到郁闷。明明想找个与父亲截然不同的丈夫，但在潜意识中却被与父亲相似、容易发火的男人吸引。如果没能宣泄对父亲的情绪，就会重新创造出小时候熟悉的环境。

如果父亲早逝，女孩扮演着家长的角色，自己赚钱生活，那么她很有可能会遇到无能的丈夫，重现儿时熟悉的孤独的环境，重新经历儿时的苦痛。

具有相同意识的夫妻，会在不知不觉中填补对方缺失的部分，建立相互依存的关系。我从小就是家里的英雄，习惯照顾别人。璞润妈妈 5 岁的时候，弟弟死了，她非常内疚，家庭氛围也比较沉闷。璞润妈妈从小扮演着"吉祥物"的角色，会撒娇哄她妈妈开心。因此,她也习惯接受别人的照顾。我们夫妻俩因为这种相互依存的关系,婚后十年都不曾争吵过。

后来随着我们两个人的成长,放下了对对方的戒心和防备,也对彼此产生了信任,我们内心的"内在小孩"经常发生冲突,此后,我们经常吵架。在这个过程中,我们放弃了想要从父母那里得到特别的爱的执念,我们二人就像神殿的柱子一样,相互独立,相互注视,观看云卷云舒。这就是夫妇有别的过程。

想要做到夫妇有别,需要两个人能够独自生活。那么,为什么要一起生活呢?因为一起生活也有它的好处。一个人跳舞固然好,但一起跳舞是件有趣又快乐的事情。小时候脖子因为往右扭受了伤,如果为了治疗就把脖子往左扭,那么左边也会受伤。可见,这并不是疗伤的良方。同样地,想要做到夫妇有别,先要治愈各自的"内在小孩",让自己独立起来。不能向配偶索求父母那种特别的爱。如果向配偶索取父母曾经未能满足自己的爱,夫妻关系就会变得紧张。

好像丈夫如果做出改变,生活就会变得幸福。但丈夫通常不会改变。如果妻子让丈夫改变,丈夫就改变,那是屈服。平等的夫妻关系中,谁会屈服呢?自由平等、互爱互助的幸福关系是无法在屈服与支配中产生的。

如果想要改变丈夫,妻子自己就要成长起来。如果想改变妻子,丈夫改变自己就可以了。如果相互依赖的夫妻关系中有一人得到了成长,配偶的平衡就会被打破,带来不安。举个例子:妻子获得成长后，需要丈夫在离婚和自我成长中二选一。如果离婚，必须放弃爱情。而成长则是拥抱爱情，所以大部分情况下丈夫都会选择成长。

当然也有离婚的情况。有一对彼此非常依赖的夫妻。妻子小时候曾被父母家暴，婚后也被丈夫家暴。被家暴的人自尊心很弱，罪责感和羞耻感比较严重。她的丈夫投资失败，负债3亿韩元左右。妻子对他说："写保证书，如果再碰股票，就离婚。"但是丈夫之后又开始投资股票，负债与日俱增。

那时，这个妈妈来找我。

"我要离婚吗？"

"如果离婚，你会遇到比现在的丈夫更好的男人吗？'内在小孩'受了伤，还没被治愈，羞耻感和罪责感还在。如果你无法面对这种压抑的情感，会发生更可怕的事。"

"还有比现在更糟糕的事情发生？"

过了一段时间，这个妈妈又来找我。

"和丈夫吵架时，他把刀架在我的脖子上，对我说'如果我用力划，你就会死'。当时我已经生无可恋，说了句'知道了'，然后他就把刀扔了。如果我祈求他'放过我'，我还能活下来吗？"

"可能活不了。"

这个母亲后来选择放弃婚姻，和丈夫离婚了。她的"内在小孩"得到了治愈，她也获得了快乐。

有一天，一个爸爸开了四个小时的车，来参加演讲。他的妻子把三个孩子都培养成了英才。虽然他与妻子一起参与了十多年的璞润教育，但从来没有来过演讲现场。

他从来不敢在他人面前表现自己，这次他鼓起勇气站上演讲台，讲了自认为最羞耻的一件事，我问他是怎么做到的。

他说："妻子变得平和了，哪怕还能够在这种平和中度过一天，我也会选择走这条路。"

夫妇有别要做到相敬相爱。如果小时候不尊敬自己的父亲，长大后也很难尊重自己的丈夫。在潜意识中会轻视自己的丈夫，会听不进去丈夫讲的话。同样，如果丈夫小时候对自己的母亲怀有怨恨，会把愤怒转移到妻子身上。不管妻子说什么，绝对不会说出"你说的话都是对的"这种话。

但是如果能够听丈夫讲完，给予丈夫理解，丈夫就会觉得得到了认可。这样一来，他愿意为妻子做一切事情。然后妻子如果说："我有这种想法，那种想法，你觉得怎么样？"得到了认可的丈夫也会无条件地肯定妻子的想法。

丈夫并不会惹恼妻子。而是丈夫的言语和行为惹到了妻子内心那个受伤的"内在小孩"，妻子选择了用愤怒的情绪去应对。从父母那里受到伤害的人，不会相信任何人，因此很难对配偶提出要求。例如，妻子说："今天下午7点之前把垃圾清理掉。"这就是要求。但如果妻子问："可以收拾垃圾吗？"这就是因为对丈夫还不够信任，所以选择了防御的姿态。可以看作是在询问丈夫是否有余力扔垃圾。这并没有要求丈夫一定要扔垃圾。

如果内心的"内在小孩"受过伤害，无法对丈夫提出要求，可以把自己希望丈夫对自己说的话写下来，贴到墙上，让丈夫读给自己听。丈夫只是读了上面的文字，妻子就会流下感动的泪水。虽然妻子希望丈夫能够看眼色行事，但很少有丈夫会这么机灵。一味地等待丈夫的反应，只会让自己更加愤怒。

最后，如果夫妻二人想要平静的生活，就要放弃"在某个地方有比我的丈夫或妻子更好的人在等着我"的想法，更不能有"总有一天我会遇到更好的人"的幻想。一旦有类似的想法或幻想，要马上终止。同时深信，现在的那个他或她就是自己今生的最佳伴侣！

意识成长类图书推荐

孩子就像镜子一样可以投射出父母的内心。每个父母都有一颗爱自己孩子的心。因此，通过育儿的过程可以获得意识成长，显示出比较强的治愈效果。

如果没有孩子，自己也能得到成长。但等到获得一定程度的安宁，就会尽量避免面对自己的痛苦。相比之下，父母不愿意给自己的孩子带来伤害，明白了自己就是爱的本身之后，就会努力治愈自己，获得成长，直到内心完全安定下来为止。下面介绍一些有助于育儿成长的核心图书。

（1）《走进孩子的内心》

这是法国心理治疗师，也是两个孩子的母亲伊莎贝尔·菲约扎的著作。这本书告诉了我们孩子表露感情时的内心世界，可以帮助我们理解孩子为什么会有各种各样的行为。同样，还告诉我们，在成为父母之前，想要得到什么，当时有着怎样的情感。作者还有另一本书，名字叫作《没有完美的父母》。

（2）《天才儿童的悲剧：别让自己毁了孩子的人生》

这是主张"儿童不能进行精神分析"的瑞士心理咨询专家爱丽丝·米勒的代表作。孩子是隐藏自己的天才，他隐藏起真实的内心，过着如同电视剧一般的人生。这本书对世界上的一些著名作家产生了深远的影响，在心理学领域被列入经典行列。书中首次提出了受伤的"内在小孩"的概念。

（3）《人生的功课：生死学大师谈生命和生活的奥秘》

这本书由 20 世纪最伟大的精神学家、临终关怀运动先驱伊丽莎白·库伯勒·罗斯和弟子戴维·凯斯勒合著而成。作者采访了数百名临近死亡的人，将他们在生活中最想做的事情和想要学习的东西整理成课件，并提出：只有经历了哀悼丧失的过程，才能更好地整理自己的情感。

（4）《少有人走的路》

这是美国的精神科医生斯科特·派克的著作，和《沿着少有人走的路向前走》《在少有人走的路一方》一起组成三部曲。在书中，作者讲解了在治疗患者的过程中积累的事例，内容通俗易懂，同时还揭露了患者小时候的创伤给他的未来造成怎样的影响。作者将爱定义为"为了帮助自己或他人的精神成长，拓展提升自我的过程"。这本书告诉我们如何做才能让孩子幸福，让父母幸福。

（5）《治愈束缚你手脚的羞耻感》

这本书的作者是在加拿大多伦多大学获得博士学位的约翰·布雷德肖。他的另一部书《家庭会伤人》和《别永远伤在童年》，都是世界级的畅销书。迄今为止我还没有见到过比这本书更能深度剖析羞耻心的书。

（6）《意念力：激发你的潜在力量》

这是美国精神科医生大卫·霍金斯的代表作。该书与《意识革命》《我的眼睛》合为三部曲，是一本讲述"自我"的结构和意识成长的图书。这本书的内容通俗易懂。

（7）《奇迹课程》

这本书是哥伦比亚医科大学临床教授海伦·舒曼记录了七年以来的灵感撰写而成的。书中说明了"自我"在日常生活中是如何工作的。《奇迹课程》和《意念力：激发你的潜在力量》虽然内容不同，但思想水平是一样的。

第 四 章

孩子的成长要
遵循固定的
法则

从孕育到出生：孩子需要受到欢迎

🎵 如果孩子在特定时期的需求没有得到满足，就会对其以后的生活造成影响。为了说明这一点，本章会将孩子的成长分几个阶段进行阐述，并介绍不同阶段的主要特征。第一个阶段是从孕育到出生，这个时期孩子需要的是欢迎和祝福。

☙ 我亲爱的孩子，欢迎你来到世上

孩子来自未知的世界，他跟随着自己亲爱的妈妈来到这个世上。

通过接受指导，孩子进入到潜意识中之后就会发现，所有的孩子都是选择跟随妈妈，而不是爸爸。就像卵子会在最佳的状态下挑选精子进行结合，妈妈会决定孩子的命运。所以，孩子是选择了自己所爱的妈妈，追随她来到这个世上的，从自己的妈妈那里学习对自己的认知。

妈妈会对即将到来的孩子极力表示祝福：

　　"我可爱的孩子，欢迎你来到这个世上。你能够作为我的孩子来到这个世上，我不知道有多开心、多幸福。你到来的那一天，整个世界都开心地起舞。"

　　"我亲爱的孩子，你是高贵而又庄严的，无论你是男还是女，妈妈都会去爱你原本的样子。"

　　"你在妈妈肚子里待了一段时间后终于与妈妈相见，妈妈期盼着你的出生。爸爸妈妈对你的到来都表示很开心。"

　　"我亲爱的孩子，欢迎你的到来。"

　　在妈妈的祝福下，孩子会在妈妈的子宫里安心地长大。妈妈会觉得心安，荷尔蒙也会正常分泌，孩子也会发育得很好。

　　妈妈平和的心态以及对孩子的祝福，是带给孩子最好的礼物。

　　接受了妈妈的祝福之后出生的孩子，从根本上来说不会产生不安的情绪。孩子性格柔软、活泼而又从容，内心拥有强大的能量，好奇心旺盛，热爱学习，不惧挑战。他会爱自己，同时也会像爱自己那样去爱别人。这样的孩子，我们把他称为"具有无限可能的人""情商和智商都很高的人"。

🌱 未婚先育的父母

对我们父母那代人来说，未婚先育是一件非常令人羞耻的事情。如果在婚前怀孕，然后才开始匆忙准备自己的婚礼，就很难有余力去对即将到来的孩子表示欢迎和祝福，耐心地和他进行交流。

如果妈妈认为孩子的存在是让人感到羞耻的，那孩子出生之后，为了照顾妈妈的情绪，会压制自己的需求，最终变得不知道自己喜欢什么、讨厌什么，想要去做什么。虽然很会看他人眼色，很会照顾别人，却无法照顾自己。因为他把全部的精力都花在了照顾妈妈这件事上，完全忘记了自己是谁，所以很难对自己的事情做出选择，很难下定决心。

当他喜欢一样东西，想要买下来时，会发现旁边的一件东西好像更有吸引力，不能很痛快地决定买哪一个，然后只能挑选自己觉得熟悉的东西购买。

对自己的存在感到羞耻的人，会讨厌自己的一切。或是对自己的某个部位不满意，或是讨厌自己身上的一切，如果是这样，就需要去观察自己内心更深处、更加根源性的东西。

这些人总是会在内心重复"没有我的位置"，当去了某个地方，他们会说："我也不知道自己为什么要来这里。"会在很多人面前声称没有自己的位置。只有认识到这种羞耻感的来源，才有办法减轻羞耻感，把自己的状态调节得更好。

🌱 在想要儿子的家庭里作为女儿出生

女性的心理上会有男性特征，男性的心理上也会有女性特征。分析心理学的开拓者卡尔·古斯塔夫·荣格（Carl Gustav Jung）把女性心理上的男性特征称为"阿妮姆斯"，把男性心理上的女性特征称为"阿妮玛"。

如果外界对于女性有着被动型和依存型的刻板印象，那么她内心的男性特征就会被压制，会习惯依赖他人，从而容易抱怨这个世界。相反，如果过于强调她的男性特征，那么"阿妮姆斯"就会过于发达，会显示出好战、具有破坏性的特征，有着过强的胜负欲，同时对于他人的情感反应也很迟钝。

如果女性身上的男性特征可以维持在正常状态，女性会变得积极向上，她的温柔、韧性会与理性会达到一种调和。如果男性内心的女性特征可以维持在正常状态，他具有粗犷的男性特征的同时，内心也会很柔软、富有韧性，能够理解他人、关怀他人，拥有很强的共情能力。

如果女性身上的男性特征被抑制，或者男性特征过于发达，人就容易变得反复无常而且虚荣心特别强。即便是对他人造成了伤害，本人却往往还茫然无知。比如，孩子是作为女儿来到这个世上的，但是她的妈妈或其他家人表现出了对男孩更大的渴望，那么她就会隐藏起自己的性别。

如果自己本身为女性，那么成长为女性是再正常不过的事情。但是如果想要否认自己的性别，想要像一名男性那样成长，生活就会变得艰难万分。这种从胎儿时期就对自己的性别认知产生了偏差的人，不会去照顾自己的心理感受，而是会努力让家人满意。

有些妈妈不会留长头发——在少女时期可能会留着长发，但生了孩子之后，开始进入面对"内在小孩"的时期，就会把头发剪短。走路的时候也会模仿男性走八字步，外表看起来也比较中性。

她们在潜意识里觉得"我是男的，我也可以像男性那样做得很好"，以此来找到自己的位置。虽然有着女性的身体，却把自己看成男性，所以在生理期的时候会有比较严重的痛经。在和丈夫意见不一致的时候，不能容忍自己处于下风，会想方设法赢过对方。

与此相反，在想要女儿的家庭里，如果作为儿子出生，那么很大程度上性格会比较安静，不会过于吵闹。

无论男女，只要自己的出生没有受到欢迎，那么会有很大的可能性扮演父亲或者母亲伴侣的角色，去照顾他们其中一人的情绪。

妈妈的每一句话都会给孩子带来很大的影响。即便是自己的丈夫、公公婆婆想要男孩儿，妈妈如果能够不分男女，去爱孩子原本的样子，那么孩子就能够成为他自己。他不会隐藏自己内心的想法，而是会充分表达出来。但如果妈妈出于害怕，想要维持自己好媳妇、好儿媳的形象，否定孩子的性别，那么孩子在潜意识中就会藏起一把刀。

藏起一把刀的意思是要向妈妈复仇。这种复仇的方式是通过让自己变得不行，从而不让妈妈快乐。但孩子全然不知这样的方式也会伤害到自己，是在向自己复仇。

由于想象并不是真实存在的，而是用谎言制造出来的虚像，因此当自己去面对它的时候，它就会消失。弗洛伊德曾说过，如果要得到治愈，就必须把潜意识中的观念提升到意识中来，我通过经验理解了这句话的含义。经历了面对的过程，走路的样子就会改变，被压抑的性别特征也能显露出来。如果经历了这个过程，可以让人一眼就识别出来。因为面对了自己的真实情感，抛弃了虚像，人就会变得更漂亮，更有活力。

❦ 就像宽恕孩子那样宽恕作为母亲的自己

如果妈妈不能欢迎和祝福孩子的到来，孩子就会认为自己是偷偷"翻墙"来到这个世上的。自己的妈妈都不欢迎自己的到来，自己却偷偷摸摸地来到这个世上，会认为自己如同罪人一般。

如果最初父母没有打开大门迎接孩子，那么孩子是无法降临到这个世上的。但是因为孩子并没有健全的认知，认识不到这一事实，有些人依然会认为自己是偷偷"翻墙"来到世上的罪人。

"罪"原本就是不存在的。犯罪的前提是需要有不好的意图，有好的意图，却没有达到好的结果，属于"失误"的范畴。冲着靶子射向的箭，虽然偏离了轨道，射到了错误的地方，但也只是失误，并不是有罪。

如果孩子拿着水杯的时候，弄洒了里面的水，妈妈会说些什么呢？

"没关系，小心一些，紧紧地抓住水杯，这样就不会失误。"

孩子就是从失误中获得成长的。

如果妈妈不知道这一点，没能对孩子表示欢迎和祝福，那么应该从现在开始向孩子道歉，坦白自己曾经的无知，请求孩子的谅解。告诉孩子："你没有做任何对不起妈妈的事情，你没有任何错误。"孩子会相信妈妈是爱自己的。

"我能够来到妈妈的身边，并不是偷偷'翻墙'过来的，而是因为妈妈期待着我的到来。如果妈妈不对我的到来表示欢迎和祝福，那么当初就不应该有期待。"如果孩子能够说出这些话，说明孩子正在被治愈。

不管是在婚前还是婚后，由于各种原因打掉了孩子，都要宽恕自己。这是最佳的选择。

如果妈妈不能解决自己潜意识中的罪责感，那么这种罪责感就会转移到自己的子女身上。如果妈妈不能宣泄自己的怒气，那么这份愤怒就会转移到自己最亲近的子女身上。如果妈妈不能摆脱悲伤，那么子女会代替妈妈体会这份悲伤。

如果妈妈能够面对自己亲手剥夺孩子生命的罪责感，把孩子从自己的心里送走，孩子都会宽恕妈妈，对妈妈进行祝福。

父母会宽恕孩子的一切行为，会对孩子说没关系，那为什么不能原谅自己的失误呢？只有宽恕了自己，才能真心对即将到来的孩子表示欢迎和祝福。

从出生到 18 个月：形成依恋的时期

被完完全全爱着的孩子会对妈妈形成很深的依恋，孩子只有经历过和妈妈完全一体是什么样子，才能够形成固有的"自我"，从而独立出来。教育只有在妈妈和孩子之间具有亲密感的时候才会切实可行。

孩子是高贵又庄严的

孩子从出生到 18 个月是对世界建立信任感的时期。孩子能否对世界产生信任，取决于妈妈如何去影响孩子。妈妈如果给予孩子关怀备至的爱，那么孩子眼中就充满了爱。如果妈妈带给孩子恐惧，那么孩子看到的这个世界也是充满恐惧的。

无论孩子吃不吃饭、睡不睡觉、哭不哭，在妈妈的眼里孩子只能是可爱的。奶奶看到自己的孙子，无论他做了什么，都会说"哎呀，真可爱。哎呀，真可爱"。因为孩子并不是靠自己的努力受到喜爱，而是本身就被爱着。只有这样，孩子才会知道自己确实是被爱着的，才会对世界产生信赖。

　　这个时期最重要的是孩子会对妈妈全身心地依赖，而妈妈则会立即给予应答。孩子一哭，妈妈就会在三秒之内跑过去。孩子之所以哭，并不是因为有所要求，而是想要和妈妈建立联系，相互沟通。孩子虽然想要和妈妈进行对话，但因为还不会用语言来表达，所以只能哭闹。

　　璞润在出生后的 100 天里哭过很多次。我当时不知道他为什么会经常哭，但我现在知道了。璞润在刚出生的时候，患上了黄疸，为了接受光线治疗，他每周必须到医院隔离一次。被独自隔离的那个小家伙当时是多么孤单，多么害怕呀。即便现在想起来，我都觉得心痛。每当璞润一哭，璞润妈妈就会跑过去抱住他。在这 100 天里，璞润从来没有离开过妈妈。如此爱哭的璞润在 100 天之后，可能是已经完全释放了自己的悲伤，哭的次数就很少了。

　　初次生育的妈妈会觉得婴儿每天除了吃就是睡，能学到什么呢？实际上孩子会从妈妈身上学习人生的基本方向。

　　孩子会原封不动地接受从妈妈那里听到的话，并且进行运用，会从妈妈身上学习对于生活的态度。事实上，如果妈妈不去观察自己的生活，就无法知道自己到底是怎么活着的，而孩子甚至可以感知到妈妈压抑在潜意识里的情感。

　　我和璞润妈妈曾经走进各自的内心世界。虽然这样无法获得婴儿时期的记忆，但是这些记忆以另一种形式——作为形象储存在心里。当回到自己的小时候，就会发现幼儿的情感比成人更加细腻，听觉和嗅觉更灵敏，眼睛也更明亮。

孩子虽然躺在床上，但是通过脚步声就能分辨妈妈是在厨房，还是在洗手间，可以准确地感知妈妈的动向。孩子不会选择性地获取外在信息，而是照单全收。

璞润的弟弟楚绿走路很安静。有一天凌晨两点左右，璞润妈妈和我正在进行内心省察之旅——通过这种方式回到儿时，楚绿打开门走进来，璞润妈妈和我都被吓了一跳。

"楚绿，安静！"

"妈妈，我开门的时候动作已经很轻了呢。"

我当时就明白了为什么小孩子会因为很小的声音受到惊吓醒来了。因为孩子的感觉过于细腻，所以能够感受到微小的差异。

刚出生的婴儿是单纯而又玲珑剔透的。在他出生的那一瞬间，他所看到的人也都是纯洁而又玲珑剔透的，是在任何情况下都不会被玷污、不会沾染罪恶的"真我"。

无论如何，孩子的内心都存在着非常伟大的力量。特别是对于父母来说，怎么可能不知道这种力量的存在呢？

想要挖掘出这种力量，需要依靠教育来实现。从这个层面来说，教育是自然而然发生的，而且是很容易达成的一件事情。

有些妈妈会因为孩子不好好吃饭而担心。孩子想吃的时候就会吃，不想吃的时候就不吃。细心观察这一点的妈妈就会尊重孩子的感受，均衡地给孩子提供食物。

孩子天生讨厌苦味。一方面是因为苦味很陌生，另一方面是因为苦味常常意味着含有"毒素"，所以孩子会避开这种味道。

孩子也不太需要长时间的睡眠。他对这个世界充满兴趣，充满好奇心，哪里有时间睡觉呢？如果给他读书，会发现他的眼睛变得更亮了。当他把精力都耗尽后，会进行短暂的休息，然后又变得生龙活虎起来。

已经被社会磨去了棱角的妈妈是很难承受孩子的活力、生命的力量和能量的。当妈妈在和孩子相处而感到辛苦时，往往不会尊重孩子的作息规律，为了方便就把孩子哄睡。就像在孩子不想吃东西的时候强迫他吃东西一样，在他不想睡觉的时候强迫他睡觉，这对于孩子也是一种折磨，会诱发他身体的疾病。

所以，尊重孩子，就要尊重他的作息规律，让他在想吃的时候就吃，想睡的时候就睡。否则，孩子的身体会出现不良状况，即：在不想吃东西的时候被强迫吃东西需要吃消化药，在不想睡的时候必须睡时需要吃安眠药。

在自己亲爱的妈妈怀中，安详地睡着的孩子，会觉得这个世界是值得信赖的，是美好的。孩子会觉得很幸福，看到自己的孩子幸福，妈妈也会觉得很幸福。

❦ 分离不安和爱恋

果实成熟之后才会掉落。曾经完全依赖妈妈的孩子在充分成熟之后，就会想要独立。

当孩子表达出自己的欲求和情感时，如果妈妈即刻给予反应，孩子就会觉得自己是对这个世界有影响力的，世界是充满爱的，是一个美好的地方。妈妈要仔细看孩子的视线在哪里停留，眼神又是怎样的。

孩子来到这个世界之后，最喜欢的就是学习。对于孩子而言，这个世上所有的东西都是让人好奇的、崭新的。孩子用感觉来认识这个世界，如果妈妈能够告诉孩子他自己无法理解的事情，孩子的感觉就可以被描述出来，那么妈妈就可以理解孩子，可以和孩子进行沟通。妈妈要多和孩子说话才好，要告诉孩子他看到的东西是什么。

在孩子出生 6 个月前后，孩子只会粘着自己的妈妈，对陌生人保持警惕。这个时候，妈妈应该对孩子养成的这种对自己的爱恋感到开心，应该给予孩子保护。有一些妈妈在看到孩子表现得怯生，不积极与人交流的时候，会担心孩子的社会性不足。这样孩子就会认为自己像妈妈说的那样，是社会性不足的人，从而滋长自己对他人的恐惧心理。

小时候很孤独的妈妈在自己的孩子学说话时，不会去侧耳倾听，而是会选择自说自话。同时还会给孩子下指令，对孩子进行训导、命令、教育，而不去关心孩子想要用自己的语言和肢体表达什么内容。妈妈的这些行为会让孩子害怕跟这个社会接触。所以，妈妈只有倾听孩子的需求，孩子才会对妈妈产生信任和深深的爱恋。

在 14 个月大的时候，如果跟妈妈分开，孩子就会感到不安。为了不离开妈妈，孩子甚至会跟着妈妈到洗手间。这种分离造成的不安是孩子成长过程中的正常现象。

职场妈妈因为孩子的这种特性而饱受折磨。妈妈担心孩子在自己离开家去上班的时候哭闹，会在孩子睡觉的时候离开。孩子醒来之后发现妈妈不在身边，会以为妈妈是因为讨厌自己才离开的。遇到这种情况时，需要妈妈对孩子坦诚一些，告诉孩子，虽然妈妈也想和你在一起，但是必须去上班。如果孩子觉得伤心，想要哭泣，就让他尽情地哭。**只有全身心地去表达对孩子的爱，孩子才不会受到伤害。**

孩子出生后 18 个月左右，对周围的事物具有一定的认知之后，如果用游戏的方式去教孩子文字，孩子是完全可以学会的。孩子习惯边玩边学，家里所有的东西都可以成为玩具，所有的日常生活就是玩耍。

❦ 被抛弃的记忆

在对妈妈形成依恋、对世界建立信任的时期，如果孩子和妈妈分离，还不具有辨别能力的孩子会认为自己没有被爱的价值，感觉自己被妈妈抛弃了。

妈妈为了维持生计重返职场，不得不把孩子交给幼儿园时，为了能够让孩子理解这件事情，而仔细地向孩子进行说明："不是你的错，妈妈对你的爱一直不变"，就可以减少孩子因此受到的冲击。

如果妈妈没有对孩子进行说明，就把他丢在一个陌生的环境中，孩子就会认为自己是微不足道的、毫无用处的，父母已经将自己抛弃了。他相信，如果自己能够可爱一些、做得更好一些，妈妈就不会抛弃自己了。这些被抛弃了的孩子会在不知不觉中为自己的存在感到羞耻，认为自己是有罪的，表现出情感缺失的状态，因为在体会情感的时候会让自己感到痛苦。

　　一旦孩子对自己的存在感到羞耻，那么他的内心会很空虚，会感觉到孤独。孤独比恐惧更让人痛苦。孩子在不知情的情况下就在内心产生了割裂，无法和内在的"真我"合为一体。为了能够建立联系，会花费很多的精力东奔西跑，和别人建立肤浅的关系，但是孤独并不会因此消失。

　　当孩子情感缺失时，就会觉得内心像是被拥堵着一样烦闷，从而想通过上瘾和强迫的形式来体会情感。例如，如果快乐被禁锢在羞耻心中，无法触及，人就会变得忧郁。

　　还有一种情况，孩子为了隐藏这种羞耻心，会选择去照顾身边的人或者参加一些活动。在照顾别人的时候，会认为自己就是爱本身，所以会为此孜孜不倦，从而获得幸福。但是为了隐藏自己的羞耻心，向别人展示自己美好的一面，不断重复强迫行为，从而觉得自己是个讲义气的、不错的人，这种感觉只会持续很短的时间。因为羞耻心和罪责感并没有从根本上消失，所以，他内心依然会觉得不安，并且逐渐对这种重复的强迫行为感到厌倦。不知什么时候，他整个人就会面临崩溃。

　　强迫是因为对自己感到羞耻，而想要成为人上人；而上瘾则是因为对自己依赖某些不健康的嗜好感到羞耻，而要成为人下人。

我演讲的时候遇到过一些妈妈，她们大多在 1966 年 ~ 1976 年出生，6 周左右大的时候曾被送到托儿所养育。让人特别惊讶的是，她们拥有一个共性，那就是很难体会到自己内心的情感，不知道自己喜欢什么、讨厌什么，很难做出选择。

　　这也是我的特征。我在照顾别人的过程中度过此生。虽然照顾别人是一件好事，但在这个过程中我总觉得心里有一个"我"在监视自己，这个"我"在努力帮我掩饰羞耻心。虽然"我"为此花费了很大的精力，但是我自己对此毫无察觉。

　　不知道为什么，我很讨厌黑暗。璞润妈妈看出这一点之后，常常会在我回家之前把家里的灯全部打开。是什么在影响着我的喜好呢？我对住在自己内心的监视者的来源感到好奇。

　　后来我通过内心之旅解答了这个困惑，我知道了自己在 13 个月大时被抛弃的经历对自己产生了决定性的影响。当时处于母乳喂养时期的我和爸爸相依为命，后来在我长大一些时，妈妈曾经随口说道："我回娘家的时候你的头发还很短，在我回来时你头发都变长了。"听到这句话时，我感到恐怖，身体颤抖，当时我还不懂这种反应意味着什么。

　　有一次在演讲的现场，我和一些难得举手发言的妈妈进行了情感上的交流，她们都没能在自己的妈妈身边长大，有的是独自生活，有的被送到了托儿所长大。每当和她们交流的时候，我的身体记忆就会被触发，流出眼泪。

　　璞润妈妈看到我流泪的样子，让我大声喊出："妈妈不要走！"

"妈妈不要走！"我跟着她喊出这句话的时候，开始面对自己被抛弃时的情感。当时尚且年幼的我还无法说出"妈妈"这个词。我想要喊"妈妈"，但是喉咙深处仿佛被东西压着，什么声音也发不出来。大家能看到我哭号，但我只能感到自己是在一个很黑暗、很遥远的地方待着。那个年幼的"我"不能自由走动，只能在黑暗的房间里不断地转圈。

　　我在13个月大的时候就埋葬了自己的情感，自己明明被抛弃了，却依然抱有"妈妈没有抛弃我"的幻想。为了不被再次抛弃，我想成为英雄，在家庭中承担了照顾家人的"少年家长"的角色。当时那种黑暗在我的身体上留下了印记，所以当黑暗来临时，就会勾起我潜意识里的痛苦回忆，为了避免这一点，我必须打开灯。

　　被抛弃的孩子会对自己的存在感到羞耻。但是如果能够用心去发现住在自己心里的监视者来自哪里，**面对被抛弃时本应感受到的悲伤和愤怒，不想自己被抛弃的经历，那么监视者就会消失。**把自己展现在众人面前时，羞耻心就会消失。面对的过程会改变自己的认知，"内在小孩"就会成长为成年人。

18 ~ 36个月：第一反抗期

🎵 第一反抗期是孩子从婴儿过渡到儿童的时期。

🌱 "讨厌，我不要""这是我的""我要做"

经过了对妈妈完全依赖，并由此获得对世界的信赖的时期之后，孩子会在第一反抗期的时候逐渐远离妈妈，开始一个形成固有"自我"的过程。

曾经那么喜欢粘着妈妈，听妈妈话的孩子，从某一天开始会说"讨厌，我不要""这是我的""我要做"这些话。如果孩子能够说出这些话，说明孩子成长得很好，应该对他的这种变化表示开心。在这个时期，孩子的想法瞬息万变。如果妈妈无法理解这种由于孩子的成长带来的改变，或者自己在小时候没能经历第一反抗期，那么就会和孩子发生冲突。

举例来说，孩子小时候在上楼梯的时候，如果妈妈抓住他的手，他会安静地跟着妈妈爬楼梯，但是现在孩子却不让妈妈牵自己的手。不仅如此，如果妈妈不去牵他的手，他会哭闹着让妈妈来牵自己。不管怎么对待孩子，他都会哭闹，这会让妈妈觉得很为难。

孩子在这个阶段会产生独立意识，想挑战自我，不想再依赖妈妈。而当妈妈牵了他的手，就意味着再次形成了依存关系，所以孩子才会闹脾气。因为还无法熟练地运用语言来表达自己的情感，所以只能通过肢体动作来表现。那么当妈妈不去牵孩子的手时，孩子为什么也会哭闹呢？那是因为孩子还是想要部分地依赖妈妈的，而妈妈没有意识到这一点，通过放开孩子的手来传递让孩子独立的信息，孩子才会为此感到不快。

说着"讨厌，我不要"的孩子是在设定自身的界限，培养自己的喜好。就像家中如果没有大门，就无法保护我们受到外来人员的侵害，与此相同，孩子也是在制造自己的保护膜。

在孩子小的时候，如果父母对孩子比较严厉，或者完全放任不管，那么孩子就无法形成自己的保护膜，长大之后会很难处理和别人的关系。"讨厌，我不要"这句话是在向别人传达不要越过自己底线的信息。它背后的含义其实是"我想要和你建立起友好、健康的关系"，是出于对维护良好关系的责任感的体现。孩子能够说出这些话，首先是基于对父母的信任，如果觉得父母对自己来说没有那么安全，孩子就不会说出这些话。

我在这个时期，因为和妈妈分离了半年时间，所以没能学会说"讨厌，我不要"，所以我会对人有求必应，这让我生活得很疲惫。比如，当有人让我作担保，我知道这样做可能会把自己搭进去，但是当我和那个人见面之后，会觉得他十分可怜，认为自己应该去帮助他，所以我会主动替他作担保。这样的事情在我的生活中反复发生。

如果想找到我这么做的原因，需要从童年时期追根溯源。结果发现，我帮助他们并不是因为觉得他们可怜，而是觉得自己可怜。从他们身上，我感受到了那种虽然只是和妈妈短暂地分开，但依然让人觉得是濒临死亡的恐惧感。

妈妈在哺乳期丢下孩子消失了。爸爸喝了酒之后，就会不省人事，大喊大叫，摔东西，又怎么能照顾孩子呢？小小的我在黑暗的房间里来回走，这是多么可怜啊。因为成年之后无法从自己身上看到这种可怜，却可以从他人身上看到自己的可怜，身边就会聚集一群需要自己提供帮助的人。如果不去帮助这些可怜人，我就会责怪自己没有人情味。所以，像我这样的人眼里通常只能看到可怜人。

"那个孩子好可怜，那位妈妈好可怜，那位奶奶好可怜。"

在璞润教育里有这样一句话："我最可怜。"

我并不是说不能用自己的爱心去帮助别人，而是说当孩子学习建立自己的界限时，不要否定孩子，要尊重他的欲求和情感。

当孩子说"这是我的"时，是在学习"所属"这个概念，这个时候不要试图让孩子去分享。孩子只有完全拥有一件东西之后，才能像珍视自己的东西那样，珍视别人所拥有的东西。

我小时候因为贫穷，从来没有真的拥有过什么。我用两件牛仔裤熬过了大学四年的生活。后来走上社会开始赚钱之后，依然没有"拥有"这个概念。即便是赚了钱，也会在不知不觉中花掉。我会因为拥有某件东西而感到不自在。自己本该拥有的东西就应该去拥有，然而潜意识里依然会觉得这是一种贪心。

在孩子的第一反抗期，如果妈妈为了赚钱离开了孩子，孩子会因为对金钱没有概念而无法理解妈妈那份想要赚钱养活自己的爱。**孩子一直活在现实之中。对于孩子来说，最重要的是妈妈在自己身边。孩子想要的爱，和妈妈擅长什么、不擅长什么没有任何关系，仅仅是妈妈陪在孩子身边就够了。**

妈妈此时离开，孩子会认为是因为自己毫无用处。孩子这个时候虽然感觉到了不幸，但因为这份不幸是妈妈带给自己的，以致孩子甚至不想丢掉这种情感。当真正的幸福降临，孩子感受到了完全陌生的情感时，他会逃避陌生，选择自己已经熟悉的情感，从而给自己带来"内在的不幸"。

如果妈妈必须上班，应该对孩子说："无论妈妈去哪里，都会爱你。"要告诉孩子，他没有任何责任和过错。不能因为看到孩子哭泣会感到不适而偷偷走掉，要对哭着的孩子给予充分的理解，告诉孩子自己什么时候会回到他的身边，他才不会痴痴等待。

"我要做"这句话体现了自我主导意识。这个时期的孩子想要去尝试一切，自己亲手把水倒进杯子里，自己拿起勺子吃饭，在妈妈清洁厨具时，孩子也会跟在一旁。虽然孩子对这些行为表现得比较生疏，但是如果孩子想去做，妈妈就应该给予鼓励。如果孩子的行为没有对别人造成危害，或者不是会造成危险的行为，就应该鼓励他去尝试。孩子会在失误中学习，通过亲自尝试，尝到取得成就的滋味，并由此获得成长。

例如，孩子明明想要自己吃饭，大部分妈妈还是会选择喂孩子，因为这样不会让食物弄脏餐桌，清理起来比较方便。但是孩子会坚持想要自己吃饭。所以为了清洁方便，妈妈可以在桌上铺上一层便于清洁的塑料制品。孩子在吃饭时可能会洒掉一半，吃掉一半，但会在尝试的过程中获得快乐，几个月之后，孩子眼睛和手的协调能力会得到增强，就能够熟练地使用餐具了。

这个时期的孩子还不能进行想象，不具备抽象思维的能力。所以不管什么，他都是通过自己的眼睛进行确认。即便已经过了晚上12点，孩子还是会闹着买玩具，孩子想要即刻满足自己的需求。这个时候父母一般会告诉孩子"玩具店已经关门了"，孩子如果持续哭闹，家长就会斥责孩子。

父母可以通过自己的经验意识到玩具店已经关门的事实，但是孩子没有这种经验。我们都知道，装有水的杯子如果倾斜，水就会洒出来。孩子怎么会知道杯子倾斜之后水就会洒出来呢？只有水洒出来之后他才会知道。如果带孩子到玩具店门口，让他看到玩具店关门的样子，他之后就不会在晚上12点闹着买玩具了。

如果孩子的行为没有对别人造成伤害，也没有带来危险，但父母依然对他进行阻拦，那么父母就要回顾一下自己的成长过程。父母在抚养孩子的过程中必须有更多的宽容，只有这样，才能让孩子的自我主导意识得到成长。但这并不意味着要对孩子有求必应，而是要给孩子制定规则，绝对不能允许孩子去做伤害别人、威胁到生命和健康的事情。让孩子在规则内去做事情，同时还要给孩子传达一种"你尽情去做,如果发生危险,妈妈会来守护你"的感觉,孩子就能具有安全感。

如果你现在不够包容孩子,也不必因此自责。妈妈是可以成长的。在成长的过程中,会对孩子产生信任感,包容孩子的行为。

🌱 对象常性

当孩子处于第一反抗期的时候,会形成对象常性,也称为"客体永久性"。这种心理状态是指:当孩子的妈妈或主要抚养人不在孩子的视线范围之内时,孩子依然能够感受到他们的存在,能感受到他们和自己的联系。

妈妈可以发火,可以开心地笑,可以悲伤地哭。只要妈妈对孩子的爱没有改变,孩子就会认为妈妈没有和自己分离,妈妈一直都是在的。

对于孩子而言,妈妈就是整个世界。孩子因为被妈妈爱着,所以和妈妈是一体的,相信世界充满了爱。孩子不会对世界产生恐惧,在孩子的眼里不会有白与黑、好人和坏人的区别。

但是假如父母两人或其中一人内心充满对世界的恐惧,对孩子表现得十分严厉,孩子达到了父母的标准就能得到称赞,没有达到就会被责骂,那么孩子眼中的世界就不是一贯的,是缺乏统一性的。父母表现出来的好面孔和坏面孔会被剥离开来,储存在孩子的潜意识里。

孩子被父母讨厌的一面，会被孩子压抑在自己的潜意识里。如果孩子的情感被压抑，那么这种情感就会在意识里消失，只能从别人身上再次发现它的痕迹。也就是说，如果在别人身上看到了一些不好的东西，就意味着自己内心也有一些不好的东西，是自己在内心首先区分了好坏。

　　人总会遇到自己讨厌的人，比如总是依赖别人、没有责任心、懒惰的人。找到自己讨厌这些人的原因——自己从来没有依赖过父母，曾经被抛弃过或再次被抛弃。

　　我父亲喝酒之后就会撒酒疯，折腾累了，就在临近傍晚的时候就地睡去。一家人一起在农田干活的时候，父亲也经常消失，然后酩酊大醉地回来，把我们的日子搞得一团糟。我下定决心长大之后不能像父亲那样生活。我认为悠闲地度过人生是一种奢侈，也是一种懒惰的表现。所以我认为向父母寻求帮助的人都是懒惰的。也就是将父亲的形象投射到了他们身上，对他们感到愤怒。现在想来，我并没有什么可生气的，每个人的生活方式是由他们自己的意识决定的。

　　如果一个人小时候没能在父母的教育下形成对象常性，那么在他的眼里，只能看到好人和坏人、善良的人和凶恶的人，善和恶的对立。这种人结婚生子之后，如果只抚养一个孩子，或许还能得心应手。因为从小在严格的环境中长大，所以能够很好地满足孩子的要求和情感需求。但是有了两个孩子之后，育儿就会变得一团糟。因为没有形成对象常性的妈妈很难去爱孩子原本的样子，有了两个孩子之后，会不自觉地将他们进行比较。在妈妈的心里只会装有那个可爱的孩子，去爱两个孩子原本的样子实在是太难了。当两个孩子感受到妈妈这种微妙的心理差异时，为了得到妈妈更多的爱，只能相互争斗。

🌱 羞耻心

第一反抗期是形成羞耻心的时期。孩子不需要任何人教导，在大小便的时候，自己就会选择去角落里，或者被遮挡的地方。羞耻心的存在是要告诉我们，人是会犯错的，不可能像神一样完美。明白每个人都有可能犯错误之后，人会更好地成长起来。自然形成的羞耻心可以给人带来内心的安宁，减少那些让人内疚的行为，从而避免从别人那里受到羞辱。

但是，**如果孩子父母的羞耻心过强，孩子受到父母的影响，又承受了很多嘲笑和责难，就会导致孩子认为自己的存在本身就是可耻的。孩子的内心就会出现一个时刻指责自己的监视者，再次触发自己的羞耻心。**

在充满负能量的家庭里，因为家人身上的羞耻心都过强，在这个家庭里最弱小、心灵最脆弱的人就会把全家人的羞耻心都兜揽到自己身上。在我们家里，担任这个角色的是二姐。我因为担任了家族英雄的角色，擅长学习，所以担负的羞耻心比较少。而二姐总是连小的事情也会做错，受到了全家人的责难。父亲常常称呼二姐为"傻瓜，糊涂虫"，其他的家人也会跟着父亲这样称呼二姐。

当一个人担负起整个家族的羞耻心，作为家人情绪的垃圾桶时，其他家人则会觉得"至少我不是最傻的那一个"，以此来减轻自己的羞耻感。

只有最弱、最单纯的那个人担负了家人羞耻心的排出口，整个家庭才能勉强维持下去。

充满负能量的家庭关系有个规则，就是不管去哪里，都不会说家里的丑事。家人之间有很多需要互相保守的秘密。随着需要隐藏的事情变多，花费的精力也会变多。因为担心秘密可能会被发现，还要时刻监视自己。这种隐藏，会让人觉得不安。

羞耻心强的人为了不被别人关注，行动都很安静。无论走到哪里，他都会站在最后面，不知什么时候就会消失得无影无踪，无法与他人的目光对视。

孩子直到 18 个月大之前都会很听妈妈的话，所以抚养起来并不算困难。但当孩子进入第一个反抗期后，有些妈妈发现孩子开始有了自我意识，就有可能会给孩子造成威胁。

爱丽丝·米勒撰写的《天才儿童的悲剧：别让自己毁了孩子的人生》中有这样的内容：

> ……但是"妈妈"真的会对孩子造成这么大的威胁吗？当然是的。假如妈妈是因为女儿小时候是一个非常善良的孩子才感到自豪，例如，孩子在出生后 6 个月可以自己小便，满一岁的时候自己洗澡，满 3 岁的时候甚至可以代替妈妈照顾弟弟，只是因为孩子做了这些事情才感到自豪，这种妈妈会对子女造成比较大的威胁。

例如，妈妈会把孩子当作自己的分身，当她通过孩子切实体会到自己从未尽情享受过人生时，就会畏惧孩子尽情释放自己自由的灵魂。与此同时，这会勾起她自己小时候代替母亲照看不听话的弟弟的回忆，更会对孩子感到愤恨和嫉妒。于是她开始不知不觉地严格控制自己的孩子。

有嫉妒心的人不仅是想要别人拥有的东西，还会因为对自己感到羞耻而贬低对方。所以嫉妒心才是更加根源性的、更加隐秘的。有嫉妒心的人会花费精力隐藏自己的这种想法。父母会嫉妒孩子吗？虽然承认这一事实有些难以启齿，但确实有嫉妒孩子的父母。

我也嫉妒过璞润。当时，璞润到处说填报的志愿是自己喜欢的大学。看到子女找到自己喜欢的大学本应该很高兴，但我的心情却不是很好。为了查找原因，我进行了一场内心探索。学生时代我们家太穷了，根本没有条件出学费。选择自己喜欢的大学是极为奢侈的，所以我报考了学费最便宜的大学。

发现自己的嫉妒心，承认这份嫉妒，依然可以祝福对方，就不算危险。察觉并且直面自己内心的嫉妒，也就不会讨厌他人的嫉妒。

对自己感到羞耻的人，如果认为对方比自己好，就会贬低对方。虽然会先铺天盖地地夸赞对方，但最后还是会说一些否定的话，通过贬低别人来隐藏自己的羞耻心。

父母非但不应该让孩子对自己感到羞耻，还应该保护孩子免受羞耻心的伤害。例如，妈妈会教育孩子小心陌生人，然而又让孩子跟初次见面的人打招呼。一个有着正常羞耻心的孩子，在与人初次相见时，会产生保护自己的想法。对孩子来说，除了父母之外，其他人都是陌生人。但如果孩子不主动打招呼，父母就会大声训斥，或者低声施加压力地说："快打招呼！"这让孩子怎么办呢？父母一边告诉孩子小心陌生人，一边又训斥跟初次见面的人不打招呼的孩子，这其实是在对孩子传达"双重信息"。

如果孩子被强制要求向他人打招呼，他就会为自己无法自由选择感到屈辱。如果反复发生这样的事情，孩子就会认为自己的存在是一种羞耻，会脱离自我而存在。他不知道自己是谁，不知道自己喜欢什么、讨厌什么。

如果想培养一个懂礼貌的孩子，父母先向对方问好就可以了。让孩子生下来就知道，问好是一种不互相攻击的表现，是互相友好、互相喜欢的表现，父母做好示范后再提醒孩子，孩子自然就会打招呼了。

我有一个侄子，从小就很腼腆，每当我走近他的时候，他就会躲在父母后面。当我和侄子保持一段距离的时候，他应该才会觉得舒服。我经常保持这个安全距离和他的父母聊天。孩子不向他人问好也没关系，不一定非要通过侄子的问好，才能提高我的自尊心，我也不会因为侄子不问好就觉得他在无视我。侄子看到我和他的父母交谈后，会认为我不是陌生人，而且值得信赖。就这样过了四年之后，现在，他和我打招呼特别热情。当我们分开的时候，他也会为了想和我在一起而哭。

父母吵架会让孩子感到羞耻不安。特别是看到妈妈被爸爸打了，孩子会觉得自己和妈妈是一体的，在和妈妈一起挨打。如果父母责骂或殴打孩子，那么孩子就会在瞬间觉得自己像虫子一样可怜。很多人在接受指导的过程中，会看到从自己身上爬出无数只虫子，虽然在意识中忘记了它们的存在，但在潜意识里记录着孩子感到羞耻的所有瞬间。

不要取笑孩子，也不要用"傻瓜、猪、笨蛋"这样的词汇贬低孩子。如果总说孩子长得像"蠢货"或"丑八怪"，孩子就会真的相信这些，并且感到羞耻，带着自卑感生活。之后再有人说他漂亮，他也不会相信。

对自己感到羞耻的人的特征

一般来说，对自己感到羞耻的人会在处理人际关系时遇到困难。当人具有以下特征，就是在对自己感到羞耻。以下内容是从在璞润教育研究所被称为"不死鸟"的一个妈妈所写的文章中摘录出来的。

（1）笑容僵硬。用微笑来掩饰自己的羞耻感。因为肌肉已经形成了习惯，即便是在悲伤的时候也会带有笑意，但是笑得并不十分痛快。

（2）不说话。害怕说话过多会被别人发现自己的羞耻感。

（3）只听别人讲话，不发表自己的意见。因为在表达自己的欲求和情感时，曾经遭受过耻辱。

（4）会避开人多的地方，避免与人接触。所以逐渐会变得孤立、孤独。

（5）会听从他人的吩咐。因为只有听妈妈的话，才能得到称赞。

（6）害怕在别人面前发言。所以会逃避担当重要的职位。

（7）当对人不满时，不会表达出来，也不会请求别人改变，而是单方面断绝关系。这是在回避，此后当自己感到孤独时，又会再次和人亲近。在和人亲近到一定程度后，因为害怕被人发现自己的羞耻心，就会再次断绝关系。这样循环往复。

（8）会提前下类似"那个人讨厌我"的结论。

（9）在聊天的时候，切入话题和终止话题的时机不对。经常处于固执、上瘾和强迫以及忧郁的状态，由于杂念过多很难入睡，而且想法和情感不一致，很难进行调和。

❦ 兄弟姐妹之间

孩子处于第一反抗期的时候经常有弟弟妹妹出生。因为兄弟姐妹之间理想的岁数差是 36 个月左右，当第二个孩子出生后，年龄大一些的孩子已经可以识字，自己读书了。当有了两个孩子之后，妈妈付出的辛苦不是两倍，而是四倍。同样地，还要给予孩子足够的爱。

当有弟弟妹妹出生时，那就意味着孩子要分享那份原来自己独占的妈妈的爱，周围人的关心会全部转移到他的弟弟妹妹身上。虽然父母会对孩子说"你曾经也得到过一样多的关爱",但是这对于生活在现实中的孩子而言,并不能够起到安慰的作用。对于孩子而言,弟弟妹妹的出生是一件很有冲击力的事情,就像是有一天丈夫带着一个女人对妻子说"以后她和我们一起生活"。

在弟弟妹妹出生的时候,如果老大没有因此受到伤害,那么他会选择去爱自己的弟弟妹妹。如果父母能够去爱两个孩子原本的样子,那么孩子就不会因为争夺父母的爱而发生争吵。爱两个孩子原本的样子并不是要把所有的东西都一分为二,完全公平地给予两个孩子,而是要去爱第一个孩子原本的样子,也要去爱第二个孩子原本的样子。**妈妈不能在内心对两个孩子进行比较。虽然这种比较的心理是自动产生的,但是如果妈妈能够观察自己的内心,就可以对这种心理进行控制,给予两个孩子关怀备至的爱。**

当老大跑到妈妈的身边委屈地诉说老二的不是时,妈妈是完全可以理解老大的心情的。如果老二也跑到妈妈身边委屈地诉说老大的不是,妈妈也是完全可以理解老二的心情的。妈妈应该不去做判断,不去对两个孩子进行比较,只给予他们理解。通过比较来训诫孩子,告诉他"你要像哥哥一样",或者说"你要像弟弟一样",好像孩子有了榜样之后,就可以做得更好,但往往适得其反。即便是受到称赞的孩子,也会认为如果不被妈妈喜欢就会挨骂,而且会因为对方被批评而对他产生抱歉和负罪的心理。

爱原本就不存在比较。如果妈妈去爱孩子原本的样子,孩子就不会为了得到妈妈的爱而发生争斗,会给予弟弟妹妹关怀备至的爱。

璞润妈妈在楚绿出生之后，担心璞润读书会受到干扰，就买了双层床。楚绿当时年龄小，还不能爬到床的上铺。璞润的个人空间就得到了保护，他可以在上铺自由地看书、做手工。等到楚绿长大一些，到了可以爬到上铺的年龄，璞润妈妈就会经常把楚绿背在背上。璞润妈妈读完书上一页的内容之后就会说"读完啦"，听到"啦"字，璞润就会翻书。璞润妈妈把楚绿背在背上，给璞润读书，通过这样的方式给予他们关爱。楚绿年龄更大一些时，他会把书抢过来，让妈妈给自己读书。璞润妈妈一边给楚绿读书，一边让璞润坐在自己的腿上，让两个孩子都感觉到妈妈是爱他们的。

孩子小的时候，我们带着他们出门，总会有人问我和璞润妈妈，抚养两个孩子是否很辛苦。每当这个时候，我和璞润妈妈都会异口同声地回答："不辛苦，一点都不辛苦。"

直到现在，我从来都没有看到过璞润和楚绿打架的样子，他们之间的感情真的很好。

事实上，我们夫妇二人也不懂得该如何去抚养孩子。璞润出生的时候，璞润妈妈总是说着"哎呀，我的小可爱"。在璞润的弟弟出生之后，璞润妈妈的心就都牵挂在了弟弟身上。我当时觉得起码我要站在璞润那一边，不想因为弟弟的出生让璞润受到伤害，所以对他更上心了。

即便如此，璞润的表现依然退步了。喝奶的时候一定要用比弟弟更大的奶瓶，还会骑在弟弟的肚子上对妈妈说："妈妈，快看呀。"

如果弟弟妹妹什么都没做就可以得到父母的宠爱，而自己虽然很努力，但父母的爱依然渐行渐远，那么孩子就会表现得更加幼稚，他会觉得也许这样做就能得到妈妈的关爱了。这个时候，妈妈只需要接受他的行为，给予他理解就可以了。其实这种幼稚的行为对于孩子而言，既没有挑战性，也没有乐趣。如果能够得到父母的理解，孩子就会停止这种幼稚的行为，重新做出符合自己年龄的行为。这个过程中，需要孩子进行自我疗愈，自然而然地获得成长。

有一天，璞润妈妈抱着楚绿，璞润犹豫着要不要靠近。

"璞润，快过来，让妈妈抱抱。就算是有了楚绿，妈妈也一样爱璞润。快过来呀。"

如果妈妈不说让孩子来自己身边，孩子会以为妈妈觉得自己麻烦、讨人厌，所以不会主动靠近妈妈，只会在一边犹豫地观察。

有些孩子会说："弟弟死掉就好了，或把他扔掉吧。"但这句话表达的意思并不是真的想让弟弟死掉或要把弟弟丢掉，而是想通过说这些话引起妈妈的关注和关爱。如果妈妈能够读懂孩子的心理，给予他足够的理解，那么他就可以和弟弟妹妹友好相处。但现实是，如果听到这种话，很多妈妈通常会惊恐："不能对弟弟说这样的话，说这种话的人是坏人。"

妈妈的话是具有威慑力的。对于孩子来说，妈妈就是"神"。如果妈妈说自己的孩子是"坏人"，那么孩子可能真的会变成坏人。虽然妈妈是想阻拦孩子去做不好的事情，但是因为孩子的认知不健全，听了妈妈的话只会认为自己是一个坏人。孩子无法理解自己为什么不能对弟弟做出那种行为，但是出于对妈妈的惧怕，会在妈妈面前表现出友爱地照顾弟弟的样子。但在妈妈看不到的地方，就会折磨弟弟或者冷待他。这在心理学上被称为"反向作用"。虽然内心深处积攒了自己的东西被掠夺的愤怒，但表面上还是会装作一副与人为善的样子。

在接受我的指导之后，很多妈妈都能看到自己独自一人待在黑暗的房间里的影像，如果问她们："这是哪里？你是什么时候进去的呢？"她们大多会回答："3 岁的时候。"在弟弟出生之后，她们不知不觉地就进入了这个黑暗的房间，一个人孤零零的。

这个黑暗的房间象征着"罪意识"，如果接受了自己作为坏人的角色设定，就会从这一刻起把自己关在这个房间里，而且本人无法意识到自己被关在了房间里，也无法从房间里逃脱。

在妈妈的内心有一个连她自己都不知道的房间，这个房间只有自己的孩子才能走进去。虽然妈妈在年幼的时候会觉得房间很亲切，自己在房间里可以得到保护，但是成年之后，就会觉得烦闷，继续待在房间里可能会带来毁灭，所以鼓起勇气想要从房间里出来。这里所提到的从房间里走出来的勇气是指：把潜意识里被压抑的东西引领到意识中去。在意识的控制下，人可以丢下恐惧，选择爱。

遵守兄弟姐妹之间的界限

有一个抚养了双胞胎的妈妈，在璞润教育研究所被称为"咚咚妈"，她的文章里充满了育儿的智慧。璞润教育抚养双胞胎的经验如何在现实中运用，都被具体地展现了出来，这里引用了一部分。

（1）玩具要买双份

让孩子共享玩具是不好的，孩子在小的时候，即便在同一个空间玩耍，也应该分别拥有自己的玩具。应该各自玩游戏，而不是合作玩游戏。期待小孩子能够一起玩是妈妈的贪心。所以我给孩子买的玩具都是双份。像点读机、翻翻书之类的，我也会买两份。因为每个孩子都有自己喜欢读的书。

（2）使用名字标签

即便是在不识字的年龄，如果反复观看文字，依然能读出自己的名字。在孩子年龄比较小的时候，比起反复进行说明，直观地展示会更有帮助。所以我从孩子满一周岁时开始，就制作了名字标签贴在他们各自的玩具上，然后告诉他们："这是你的玩具，那是他的玩具，别人的东西一定要在得到别人的允许之后才能碰。"

如果能够把家里所有的玩具都贴上姓名标签，就可以解决大部分的冲突。

（3）给每个人一个收纳盒

孩子 20 个月左右大的时候，我给他们各自做了一个收纳盒，并且告诉他们："这是存放你们珍贵物品的箱子，只有箱子的主人才能打开，绝对不要打开别人的箱子。"

我认为，孩子只有懂得珍惜自己的东西，才会同样珍惜别人的东西。

（4）妈妈一定要守护孩子的界限

即使妈妈感到疲惫，也要对孩子进行监督。如果弟弟想要哥哥的玩具，但不能如愿，对此感到伤心，妈妈要紧紧抱着他，对他说："那是哥哥的东西，必须得到哥哥的允许。"

这样去守护两个孩子的界限，去理解孩子由于越界受挫而伤心的心理，都是妈妈必须承担的责任。在这种情况下，哥哥的界限如果得到了保护，就会亲切地对弟弟说："可以摸这个。"

（5）承认孩子讨厌分享

真正拥有过的孩子才会懂得分享。要对不喜欢分享、不喜欢与人为伴的孩子表示理解。我认为这不是自私，而是很正常的一种状态。如果觉得实在难以理解，认为孩子"真的这么讨厌分享吗"，就回顾一下自己在小时候，如果不能拥有自己东西的所有权，自己是如何表现的。

（6）去别人家玩的时候要慎重

孩子在小的时候，会努力避免被否定、被拒绝。孩子在别人家总有想要探索的欲望。所以要和主人事先进行沟通，得到允许孩子探索的请求之后，再去别人家拜访。我们家双胞胎去朋友家玩，从来不会主动去碰别人的东西，即便是朋友的妈妈告诉他们说可以玩，他们也会等到朋友和他们说可以玩之后，才会去碰那些玩具。当孩子回到家之后，我只会和他们说："朋友把玩具拿出来给你们玩，你们玩得很开心呢。"

（7）呼朋唤友之前要先询问孩子的意见

如果有人想要来我们家玩，我们一定会首先征求双胞胎的意见，会问他们："他可以玩你们的玩具吗？"如果双胞胎不同意，那么我们就会很抱歉地告诉朋友不能来家里玩。

（8）遵守孩子之间的情感界限

如果孩子对物品有所有权的区分，那么孩子在情感上也会产生界限。事实上，意识到这一点的时候，我也有些慌张。在5岁之前，我的这对双胞胎都是在一起玩的。然后突然有一天，哥哥说想自己一个人玩，想要一个人体验玩小汽车的乐趣。弟弟想和哥哥一起玩，因为遭到拒绝而感到伤心。

我一边安抚着弟弟，一边也觉得有些伤心。可能是因为触动了自己年幼时曾经被拒绝的回忆吧。

"想和哥哥一起玩，但是哥哥不让，你觉得很伤心吧。妈妈也觉得伤心。但是我们要理解哥哥，稍微等一等，哥哥就会想和你一起玩了。"果然，过了一会儿，哥哥就跑向弟弟，和他一起开心地玩了起来。

（9）妈妈要培养自己的耐性

如果只是告诉孩子一两遍，孩子肯定还是听不懂。要做好对孩子重复说明几十遍、几百遍乃至上千遍的心理准备。如果认为自己是在教育孩子，那么肯定容易生气，请对孩子说："妈妈来告诉你。"

（10）妈妈要在伤心的孩子面前保持镇静

弟弟因为哥哥不让他碰自己的东西而感到伤心时，虽然妈妈应该去给予孩子充分的理解，但也要告诉他："就算是这样，也要得到哥哥的允许才能碰哥哥的东西。过来，让妈妈抱抱。"哥哥在自己的界限得到尊重后，才会对弟弟更加宽容。

"弟弟年龄小，哥哥让弟弟一下。"

妈妈绝对不能说这样的话。即便哥哥出生得比较早，但依然是年幼的孩子。弟弟出生之后把哥哥的东西都抢走了，他该多伤心啊。

（11）让孩子自己挑选喜欢的东西

妈妈不要用自己的标准来挑选物品，要让孩子去挑自己喜欢的东西。这样孩子才会爱护自己的东西。

（12）各自用各自的餐盘吃饭

　　在孩子很小的时候，我会把食物分别放到他们各自的餐盘里。可能因为这个原因，孩子不喜欢把水果放在大盘子里和大家一起分享。我虽然对此有些担心，但是发现我们出去旅行之后，把食物放在大的容器里，一起用叉子吃，他们依然吃得很开心。他们虽然不会表达，但心里都知道，我的、你的是不一样的。孩子的界限得到了尊重后，他们就会知道：如果我的东西珍贵，那么别人的东西也同样珍贵。

36～72个月：全能的自我占据优势的无法无天时期

> ♪ 婴儿在 5 岁左右会迎来全能的自我时期。"3 岁狗
> 都嫌"指的是第一反抗期。"5 岁狗也嫌"则指想要随
> 心所欲的无法无天时期，也被称为"帝王时期"。

🌱 我是王！

孩子能够得到具有包容性的爱，就会认为自己是值得被爱的，从而发展自我。在建立了自我的形象之后，就进入了构建无所不能的全能形象的阶段。

全能的自我建立在可以拥有自己想要拥有的一切，可以做到自己想要做的所有事情的基础上。处于这个时期的孩子，会认为什么东西都是自己的，别人的东西也是自己的。想要赢过别人，独自占有一切。

在乘电梯的时候如果妈妈按下了电梯按钮，孩子就会哭闹："我要按，我要按。"只因为一个小小的电梯按钮，就会闹出这么

大的动静，妈妈会气得说不出话来。在玩剪刀石头布的游戏时，会让妈妈一直出剪刀，然后自己出石头来获胜。

这个时候最好假装让孩子获胜。当孩子想要抢占别人的东西时，虽然要告诉他不能这样做，但是要对他的这种心情表示理解。

我有个后辈，他的儿子是非常著名的乒乓球运动员。我曾经问过他，是怎么把孩子培养成成功的运动员的。后辈回答说，在他儿子小的时候，他的口袋里总是会带着硬币，用这些硬币在自动贩卖机购买咖啡，把咖啡递给儿子的对手，对他们说："我家儿子年龄还小，麻烦你让着他。"

获胜过的人就不会惧怕失败。**如果能够安稳地度过全能时期，孩子就不再会在意输赢，会勇于挑战自我，从而培养全能的自我。**如果这种全能意识能够得到满足，孩子就会相信自己真的能够做到。因为相信自己能够做到，就极有可能真的能够做到。孩子就会成长为意志强大的人。想要培养孩子，就要在他小的时候帮他建立自信。

但是在这个时期，如果父母觉得孩子的行为在别人眼里看起来没有礼貌，从而阻拦孩子表现自己的全能意识，那会带来怎样的结果呢？孩子就会变得看上去很懂事，但是没有活力，显得很沉闷。

孩子学习、做事情都竭尽全力，但是父母并不给予认同，更不会称赞孩子。父母觉得称赞孩子容易让他变得自满。此时孩子想要得到父母的肯定和称赞，会变得更加努力，也十分疲惫，最后说："到底想让我怎么样？"

有一位妈妈，某一天在接受指导的时候，她说想说一个大秘密。这位妈妈所谓的秘密是什么呢？

她说："其实我是博士。"

我问那个妈妈是不是花钱买的博士学位，她说不是的，说自己曾经在实验室待过七年的时间。有人利用夸张把自己包装得更好，也有人利用夸张把自己营造得一无是处。不论是哪一种，都是在进行"伪装"。

所谓能力，并不是擅长做什么，而是相信自己是有能力的。

如果妈妈没能在小时候很好地度过全能时期，当自己的孩子到达这个阶段时，就会觉得育儿变得十分艰辛。虽然妈妈在小时候并没有得到过什么，但是她作为一个善良的孩子，依然坚忍着活到现在。而自己的孩子虽然拥有了一切，却还在向外索求，这会让这些妈妈觉得孩子缺乏教养。

得到关怀备至的爱的孩子，经历了所有在成长阶段应该经历的东西，可以很轻松地表达出自己的欲求和情感。孩子对妈妈充分信任，妈妈也会很好地抚养孩子。如果孩子对妈妈没有足够的信任，就不会表达出内心的想法。顺利地度过这个时期之后，孩子就会知道，自己的欲求和情感很珍贵，别人的欲求和情感也同样是珍贵的。就像自己被照顾着那样，也会主动去照顾别人。

如果妈妈不知道孩子正在经历这样的成长阶段，就无法信任孩子，乃至压下孩子的气势。如果妈妈在家里压下了孩子的气势，那么孩子到了外面就会变得张扬跋扈。如果孩子在家里能够随心所欲，他到了外面就会成为模范生。如果在家里成了模范生，在外面就会是"闯祸精"。

小时候得到过关爱的孩子，会相信自己的欲求和情感是合理的。孩子绝对不会轻易屈服，会用自己身上的光亮去照亮妈妈身上的阴影。

❦ 罪责感

孩子在这个时期罪责感很强。羞耻心是一种"我是一个坏人，没有任何作用和价值，我讨厌自己"的情感。而罪责感就是对于自己的行为产生"我不应该那样去做"的情感。所以比起罪责感，羞耻心处于更低的意识层级。

斯科特·派克在《少有人走的路》里提到，孩子在出生9个月之内，如果极度缺爱，那么患有精神疾病的概率就会变高。在羞耻心得到发展的第一反抗期，如果受到了伤害，之后容易形成习惯性推脱责任的性格障碍。在罪责感得到发展的形成全能的自我的时期，如果孩子没能得到应有的照顾，那么孩子之后容易成为把所有责任都揽到自己身上的神经质。

性格障碍患者会对自己感到极端的羞耻，从而责怪别人。神经质则会认为自己是这个世界的王者，必须承担所有的责任。性格障碍患者并不会有大碍，但是会折磨身边的人，而神经质身边的人并不会受到大的影响，所以他们只会苦苦地折磨自己。性格障碍患者因为是在更加年幼的时期受到了伤害，所以伤口更深。

虽然罪责感在胎儿时期就会出现，但是在形成全能的自我的时期会得到强化。如果孩子在出生的时候没有受到妈妈的欢迎，在想要儿子的家庭里以女儿的身份出生，或者妈妈意外怀孕但是没能成功滑胎，孩子都会对自己的出生抱有愧疚，认为来到世上是自己的错。觉得自己是意外降临到世上的，或者觉得妈妈讨厌自己的存在。觉得自己的存在很多余，可有可无。

觉得自己多余的人会认为自己有罪，所以他们从不敢去期盼什么，会无条件地去帮助别人，受到一点恩惠之后就想全部偿还——就像是欠了债一样。

一般来说，孩子会觉得父母爱自己是自然而然的事情，会坦然地接受父母的爱。但是觉得自己很多余的孩子，会认为单方面接受别人的爱意是不礼貌、不懂事、不尊重人的，是不顾旁人只顾自己的自私鬼。这些认为自己很卑贱、毫无用处的、多余的人，通过努力在社会上获得成功之后，以为自己可以摆脱这种身份，得到父母的认同。但结果并非如此，这会让他们变得更加绝望。

如果父母在形成全能的自我的时期没有成为"王"的经历，那么他们在抚养孩子的时候，会在意和孩子之间的输赢，会担心别人觉得自己的孩子没有教养，从而打骂孩子，导致孩子背负罪责感。

"你这样做是想把妈妈气死。"

"如果没有你，我就和你爸爸离婚了。"

实际上，自己是死是活，是和丈夫分开还是一起生活，这些都是妈妈自己的选择，和孩子没有任何关系。但孩子听了妈妈这些话之后，会觉得责任在自己身上。

例如，爸爸在上班路上出了车祸，孩子其实没有任何的责任。孩子却不这样想，他会认为是因为自己讨厌爸爸，爸爸才会在路上出了车祸。假设父母离婚了，孩子会认为如果自己能够做得好一些，父母就不会离婚了，从而让自己背负罪责感。要想消除孩子的罪责感，这个时候父母应该对孩子说："这不是你的错。"

有罪责感的人无法获得幸福。因为他们不能表达自己的欲求和情感，没办法开心起来。所以有罪责感的人总是很忧郁。为了能够开心，他们会依赖上瘾和强迫。

❧ 俄狄浦斯情结

俄狄浦斯是希腊神话中的王。他出生之后，有神谕说他会杀死自己的父亲，和自己的母亲结婚。他在不知道自己身世的情况下长大，到了青年时期，俄狄浦斯在路边遇到一个老人，他和老人发生了争执，并杀害了老人。后来他成了英雄，和年轻的王妃成婚。之后他才知道原来这个王妃就是自己的母亲，之前杀死的老人就是自己的父亲。俄狄浦斯自己刺瞎了双眼，在街头流浪。

"俄狄浦斯情结"是弗洛伊德使用过的术语，指男孩讨厌和自己性别相同的父亲，想独占异性母亲的爱的复杂感情。女孩与父亲关系亲密，与母亲进行竞争，则被称为"伊拉克特拉情结"。

这个时期的孩子，在爸爸靠近妈妈的时候，会说："爸爸走开，妈妈是我的。"如果不了解孩子的成长阶段，可能会为此感到心寒。孩子想要独占妈妈，但是妈妈和爸爸是夫妻，他们是不会分开的，所以孩子为此感到不安。而且即便和爸爸进行竞争，也无法获胜。

如果父母关系特别好，那么孩子就不会想要独占妈妈，会将父亲和自己进行等视，学习作为男性的生活方式，做好步入社会的准备。如果夫妻关系不好，孩子就无法顺利度过俄狄浦斯情结时期，会和母亲过于亲密。这些孩子走上社会之后，会反复和别人发生三角关系——和其中一个人建立敌对关系，和另一个人建立亲密关系。所谓爱，并不具有排他性。**恋母情结的核心在于想要独占妈妈的爱，但是没能成功。**

这种排他性的爱具有以下几个特征：

第一，具有优先顺序。例如，认为妈妈应该给予自己最特别的爱，在自己结婚之后，即便妻子或孩子爱自己，也会觉得不适。因为在他的潜意识里，自己应该先得到妈妈的爱。如果先接受了妻子的爱，如同背叛了妈妈，所以会拒绝接受妻子的爱。但是在自己的意识中，又渴求获得妻子的爱，因为意识和潜意识起了冲突，所以会处于一种茫然无措的状态。

第二，孩子会制定自己的标准来验证这种具有排他性的爱。例如，他会认为，别人对自己表示欢迎的时候，应该开心地拍手，大声地喊："欢迎你！"他希望每个人都这样对待自己，但是又无法用语言把这种希望表达出来。孩子自己制定的标准别人又怎么会知道呢？况且，任何人都不能始终保持这样的状态，永远热情地对待孩子。如果对方暂时沉迷于其他事情，没有表现出热烈欢迎的样子，孩子心里就会感到失望，会认为"那个人讨厌我啊"。

第三，追求特别，但求而不得。孩子想从一切事物之中看到特别之处，但如果找不到自己想要的特别之处，会立刻被羞耻感包裹。这种人想要找回自己在小时候缺失的妈妈的爱，但这是不可能的。妻子仅仅是妻子，不可能是妈妈。

第四，存在相互比较。因为孩子认为自己微不足道、毫无用处，甚至是一个有罪的人，所以会对自己的存在感到羞耻，期待着能通过排他性的爱来掩饰这一点。

当孩子丧失排他性的爱，意味着自己已经承认了妈妈永远也不会到来的事实。紧跟着会经历悲伤、愤怒、委屈的情绪，度过这个丧失的过程。

在进行指导的时候，我会让这种人跟着我说："妈妈不会来了。"

大多数人会表示拒绝。

"不可能，我妈妈会来的。"

"妈妈不会来了。"

"我会一直等着她。"

"妈妈不会来了。"

终于，他们跟着我说出了"妈妈不会来了"这句话，然后哭出来了。当这阵哭泣过后，"比较"就从他们的心里消失了。

♀ 想象力

在全能的自我占优势的时期，孩子的想象力会得到快速发展。这时的他会整日沉浸于想象之中。

孩子如果喜欢恐龙，就会把自己想象成霸王龙，会用手指比成 V 形，踩着脚走路，不断发出咆哮声。如果把自己想象成狗，就会手脚并用地爬行，吃东西的时候也是舔食。如果喊他的名字，他会说："你叫的不是我，我是狗。"这个时候选择去配合孩子，进入他的想象之中，就是对孩子进行教育。

如果孩子把自己想象成在树林里沉睡的公主，就会让妈妈扮演小矮人的角色，然后会一直说让妈妈"这样说"或者"这样做，那样做"，一整天都沉浸在角色扮演的游戏当中。如果妈妈小时候没有和自己的父母玩过这种游戏，就会觉得在陪自己的孩子玩游戏时很辛苦。

如果孩子的想象力比较发达，那么创造力也同样发达，而且抽象思考的能力也会变强。处于这个时期的孩子喜欢玩稀奇古怪的语言游戏。如果仔细听他说话，会发现他经常会说"屎，放屁"之类的粗话，即便旁边的人一点都不觉得好笑，孩子一个人也会被自己逗得很开心。他的幽默感也十分发达，经常会说出一些有趣的言论。

随着孩子的想象力得到发展，孩子的恐惧感——特别是对死亡的恐惧感也会越来越强烈。他担心妈妈会死去，会离开自己，然后流下眼泪。这是因为孩子想要和妈妈成为一体。这个时候要告诉孩子，虽然妈妈的身体有一天会离开你，但现在并不会这样。告诉孩子"妈妈会一直爱你，妈妈的心总是和你在一起"，孩子才能摆脱不安感。

如果孩子在这个阶段没能得到妈妈的呵护或者没人陪伴，他就会假想出一个朋友。这种假想出来的朋友一般会被称为鬼神，但弗洛伊德的女儿、精神分析学者——安娜·弗洛伊德把它称为"防御机制"。

在潜意识中压抑着很多恐惧的人会看到各种鬼神的形象。在对他们进行指导的时候，如果询问他们："看到的是谁？"他们会回答："我的妈妈。"

这些鬼神是孩子为了排解孤独，自己想象出来的。

如果问他们鬼神是从何时出现的，他们会说："4岁。"

在他们4岁的时候究竟发生了什么，只有本人知道。有可能是被送到了奶奶家，也有可能是弟弟出生了，或者是父母离婚了，再者就是因为父母经常争吵，孩子当时感受到的恐惧一直被压在了心底。

孤独的孩子为了抚慰自己，会假想出一个朋友。这个被假想出来的朋友会照顾他、听他说话、理解他、陪他玩。准确地说，朋友给予他的，接近于妈妈关怀备至的爱。所以他才会回答说："我的妈妈。"

如果存在一个假想的朋友，虽然会让人觉得害怕，却不再会让人觉得孤单——孤单，就是这样的难以忍受。如果能够和这个假想的朋友一起玩，就没有了白天与黑夜的区分。因为进入了潜意识的空间里，就不会有时间和空间的区分。所以，即便在晚上，也会继续和这个朋友玩耍，很难真正入睡。因为没能进入深度睡眠，人经常会感到困倦。

如果让他给假想的朋友起名字，他会根据自己看到的形象称呼这些朋友为"小红、小蓝、小黄"。如果询问他在玩什么游戏，虽然每个人的圈子不同，游戏的种类也会有所区别，但都是在玩童年时期的游戏，例如"打花巴掌""剪刀石头布"。被假想出来的朋友一般不会只有一个，而是会成群结队，所以一般也将其称为"鬼穴"。

如果和他说"你已经和假想的朋友玩了很长时间了，是时候把朋友送走了"，他就会感到伤心，不想把朋友送走。即使是让他分享给自己的孩子，他也不愿意。因为这种生活是枯燥无味的——虚幻的生活没有现实世界里的生动感。父母不愿意孩子生活在空虚的世界里，才会选择把自己假想的朋友送走。把朋友送走之后会觉得很伤心。虽然这些假想的朋友在自己身边时，会觉得不方便、受到限制、觉得恐惧。

把假想的朋友送走，是在经历从潜意识上升到意识层面的过程。与此同时，和假想的朋友一起玩耍的房间也会消失，自己再也无法进入那个地方。送走假想的朋友之后，会觉得精神变得清爽，恐惧感减轻，身体也变得轻松起来。

第 五 章

通过读书培养
具有无限
潜能的孩子

读书是育儿的重中之重

♪ 几乎所有的孩子一生下来就喜欢图书，孩子来到这个世上最爱的就是学习。

父母在养育孩子的时候，看到孩子从学习中快速获得成长的过程，常常会感到惊讶。白天的时候，孩子的交感神经比较活跃，通过看、听、咬、吮吸、触摸去学习。到了晚上，孩子的副交感神经比较活跃，会让父母给自己读书。

但孩子在晚上要求父母给自己读书的时候，有些父母会想："不睡觉在干吗？"孩子真的是不想睡觉吗？孩子是因为太喜欢学习而战胜了困倦。本来还在犯困的孩子，如果给他读书，眼睛瞬间就变亮了，可以看出孩子在读书的过程中越来越有精神。如果父母能够转变自己的观念，听取孩子的需求，给他读书，孩子就会在自己的精力耗尽之后进入深度睡眠。

虽然给孩子读书可以让他恢复活力，但有一些妈妈给孩子读书时，自己就会犯困。虽然她们知道读书有益于孩子的成长，内心想给孩子读书，但奇怪的是，做家务的时候明明还很有精神，一拿起书就开始犯困。如果遇到过这种情况，那么这些妈妈就有必要回顾一下，小时候父母有没有给自己读过书。

对于孩子来说，被妈妈抱在怀里，听着妈妈的声音，汲取着书中的知识，插上想象的翅膀，是一种很温情的回忆。如果你小时候没有过这样的经历，在给自己的孩子读书的时候，就会浮现自己当初没能得到这种温情的痛苦记忆，然后通过产生身体上的疲惫感来进行防御。

如果你小时候受到的伤害比较多，那么感到有气无力、想要休息的时候也会比较多。而且即便是休息了很长时间，依然打不起精神，因为为了阻止潜意识中的东西上升到意识层级，花费了大量的力气，所以容易感到困倦。

如果觉得晚上给孩子读书是一件很辛苦的事情，那么可以抱着一种给自己的"内在小孩"读书的心态——也就是让已经成年的你给当初年幼的自己读书。当你给孩子读书的时候，读书声会再次回到自己的耳朵里，这种现象称为"再归"。

有一个曾经来听过我演讲的妈妈，说她抚养孩子时怀有一种"孩子能够健康长大就行"的心态。当然，孩子能够健康长大的确很重要。事实上，妈妈不仅能够在语言和行动方面影响自己的孩子，连妈妈自己都没有意识到的——潜意识中的认知也会给孩子带来影响。

孩子小的时候，如果父母不给孩子读书，那么孩子生存所需要的思考力、理解力、判断力、语言表达能力、记忆力、创造力等基本的能力都无法养成。如果这些基本的能力没有养成，孩子上学之后就会很痛苦。孩子到了学校，听不懂老师讲的内容，该有多么郁闷啊。在一个自己无法理解、无法沟通的环境中至少要度过十二年的时间，这是多么恐怖的事情呀。

孩子如果无法理解周围，也就无法获得乐趣。学校是以成绩论高低的地方，如果孩子学习成绩不好，不仅要忍受责骂和压力，还会认为自己是个"成绩差的人"。之后他有了自己的孩子，为了防止孩子像他一样因为成绩不好而受到伤害，会强迫孩子好好学习，反而会给孩子带来伤害。

有一个妈妈，她的孩子上小学四年级，这个孩子在家里一直玩电脑游戏。她唠叨着让孩子去学习，孩子没有遵从，她就责骂孩子，然后孩子离家出走了。

我在演讲的时候经常会这样问："诸位的孩子还没有离家出走过吧？应该还没有吧？"

然后很多家长笑着回答："目前还没有。"

什么样的家庭里的孩子容易离家出走？根据我的经验发现，大多是善良的妈妈和严厉的爸爸的家庭组合。善良的妈妈其实很危险。善良的妈妈通常认为自己始终都是对的，总是指责别人。会怪丈夫："你如果能少喝些酒，多赚些钱，早点回来，对孩子好一些，孩子也不会离家出走了。"

善良的妈妈内心压抑着愤怒，所以内心被恐惧感和羞耻心填满。为了显示自己的高尚，她们总是过于在意别人的看法。她们为了让孩子在别人面前显得高贵，会把孩子控制在自己的管辖范围之内。孩子到了青春期，开始培养自己的独立人格，如果试图脱离妈妈的管制，这些妈妈为了能够继续掌控孩子，还会对丈夫进行操纵。

严格的爸爸在孩子小的时候没能和孩子建立亲密感，对孩子来说是很可怕的。这些爸爸没有给孩子搓澡、陪孩子一起去野外奔跑的经历。如果让他和妻子一起教育孩子，分享日常的生活，给孩子读书或者和孩子进行沟通与交流、理解孩子的情感、表达对孩子的爱，他会觉得不自在。这些爸爸是在为家人赚钱，但和孩子没有任何关系。而当孩子惹了麻烦，他又想出面训斥，或者对孩子进行严格的控制。他无法理解孩子的内心。

在这种家庭中，孩子会认为不管是妈妈还是爸爸都不会保护自己，认为家里没有自己的位置，所以会离家出走。

由善良的妈妈和严格的爸爸组成的家庭很容易发生矛盾。这个妈妈在孩子离开家之后也和丈夫发生了争吵。

"我想知道孩子到底是像谁，还学会了离家出走。"前面提到的那个妈妈说。

她因为想要知道这一点，所以来听我的演讲。

她说刚开始来的目的是想让我做评判，但是在听我的演讲时得到了一点启示。她说，自己虽然想要对孩子好，但是因为内心有一个隐秘的黑暗房间，孩子不想进入那个房间，所以选择离开了家。

现在这个妈妈终于指责自己了。她哭得特别伤心。她在和我沟通的过程中，表现出对孩子的愧疚。

听过演讲之后，这个妈妈找到孩子的班主任，哭诉了两个小时。她希望老师可以好好栽培孩子，同时提出了以下请求："老师，请给孩子留一项作业，让孩子听妈妈读书。"

老师接受了她的请求。在小学高年级留这种类型的作业，其实并不是一件容易的事情。妈妈想让儿子坐在自己身边，弥补小时候没能给孩子的爱。

在给孩子挑选图书的时候，不应该去迎合孩子的生理年龄，而是应该和孩子的精神年龄匹配。如果孩子在年龄比较小的时候就多读书，精神年龄可以领先同龄人十五到二十年。即使是只有 5 岁的孩子，如果有自己喜欢的领域，也可以翻看大人所读的专业图书。但是孩子如果不从小就开始读书，即使是到了 10 岁，可能连 5 岁水平的书都很难读懂。当然，如果是妈妈给孩子读书，那么孩子就可以接触到比个人水准更高的图书。

据说，这个妈妈选取了和儿子的精神年龄匹配的、内容简单有趣的书，坚持读了四年。四年之后，孩子升入初中二年级，并在这段时间得到了妈妈的关爱，同时掌握了大量的词汇，在学校的成绩也提高了。

后来这个妈妈又来到了演讲现场，说了如下一番话：

"感谢璞润爸爸。听了您的一次演讲之后，我们家人的关系就变好了，变得更加幸福了。我特别想要向您传达谢意，所以来到了这里。"

"听到这些我觉得很开心，但是你给孩子读书的时候，没有感到疲惫的时候吗，不会觉得累吗？"我问她。

她回答："给孩子读书是我想做的事情，所以我觉得非常幸福。但是我在给孩子读书的时候，身边的人会对我说，你这样做怎么能送孩子上大学呢？当时我的内心动摇了。想要坚持下来给孩子读书还是比较困难的。"

我又问："别人都因为焦虑给孩子补课，怎么可能会不动摇呢？"

她说："给孩子读书的时候，孩子的眼睛都是亮亮的，看起来很开心。看到孩子的眼神，我觉得我应该信任孩子。"

作为父母，能够不把自己的孩子和其他孩子进行比较，相信自己的孩子拥有强大的内心，按照自己的方式抚养孩子吗？如果能够做到，孩子就会拥有完善的独立人格，成长为具有无限潜能的人。

十三年前，我们把两万本书送往"璞润读书社的图书馆"。后来规模扩大之后，改名为"璞润家庭教育馆"。

我们仔细挑选了好书送了过去。刚上小学的孩子来到图书馆，第一次接触到课外书。

之前由于没有书而没能读书的孩子，在这里读书之后获得了怎样的成长呢？这是一项会花费很长时间的实验。虽然我并没有设计这个实验的意图，后来在日常生活中却发生了相关的案例，结果让人震惊。

十二年之后，也就是 2019 年，之前在璞润读书社读书长大的孩子们到了上大学的年龄。有很多孩子考上了名牌大学。

我记得有个高考状元在读小学一年级的时候，曾经在我们这里获过奖，"该生勤于读书，乐于关怀别人，所以颁发此奖"——以璞润爸爸崔熙树的名义给他颁了奖。在建图书馆之前，我还奖励了来图书馆帮忙整理图书，让孩子们更方便阅读的那些父母。

在 2019 年的时候，为了给考入大学的孩子们贺喜，同时也为了举办育儿演讲，我再一次来到延吉市。很多人都参加了那次演讲，我看到了学生和他们的父母，觉得特别感动、特别开心。孩子们大多成了情商和智商都很高的人才，虽然我和他们交谈不多，但是可以感受到孩子们内心充满了爱。

那天我并没有讲实质的内容，学生家长所说的"我从来没想过自己会成为北京大学学生的父母"，已经证明了教育存在的价值。图书可以帮助孩子发挥自己身上巨大的潜能，所以"读书育儿"是重中之重。

观察那些喜爱读书的孩子的成长经历，就会发现他们读书时经历了四个时期：亲近时期、玩耍时期、沉浸时期、自主时期。最近经常使用"自主阅读"这个词。在演讲的时候，我问听众有没有听说过这个词，很多妈妈都回答说听过。

"自主阅读"是我创造的词汇。"读书育儿"也是通过璞润教育传播到外界的。如果孩子能够到达自主读书的阶段，玩了一会儿电脑游戏，或者看了一会儿电视之后，不需要任何人的提醒，就会停下来自己去读书。到了这个阶段，孩子就可以独自成长，基本上不再需要父母给孩子提供帮助了。

这个时候，孩子并不是不玩游戏，只是学会了自我调节。不管是玩游戏还是看视频网站，最后都会再次打开书。因为有想要读的内容，所以才会读书。虽然视频网站上面会有很多信息，但是需要等待视频加载，等待的过程会让人觉得烦躁。如果是读书，就可以自己把控节奏，可以快速接收信息，所以孩子会更喜欢读书。

如果孩子能在 6 岁之前学会自主读书，是值得庆幸的事情。也就是说，如果 6 岁之前没能学会自主读书，也并不意味着孩子就存在问题。我在小学进行演讲的时候，如果提到孩子最好在上小学之前学会自主读书，就会听到有听众在叹气。

"那我们家孩子有问题了，都已经五年级了。"

其实不管是在小学阶段、中学阶段还是成人阶段，都可以培养孩子自主读书的习惯。只是如果在学前阶段，孩子看到读书的场景，就有可能培养自主读书的习惯。读了小学之后，至少需要五年的刻苦努力。并不是说自主读书的习惯长大之后就不能培养，只是度过了决定性的时期和敏感期之后会比较困难。

所谓决定性的时期，是指机会的大门打开之后又关上的那段时间。如果没有抓住这段时间，之后很难有大的发展。例如，孩子的视力发展阶段主要是出生之后的 6 个月，如果这段时间孩子不能清晰地识别周围的环境，那么孩子的视觉能力很难达到顶峰。

所谓敏感期，是左右脑得到发展的最佳时期，婴儿的左右脑可以对周围的环境有很好的感知和反馈。趁热打铁就是这个意思。例如，孩子学习语言的最佳时期是出生之后一直到 10 岁之前，孩子在 10 岁之前可以不受母语的发音和语调的影响，比较轻松地学习外语。但是成年之后，学习外语，比起小时候需要花费更多的努力，而且无论怎么努力，都无法像本国人一样说得那么流利，很难不受自己母语发音和语调的影响。

如果在小学入学之前不能养成自主阅读的习惯，那么就需要在小学阶段持续性地培养这个习惯。如果孩子能够实现自主阅读，就意味着已经很好地完成了小学阶段的学习课题了。

亲近时期：和书变得亲近的阶段

🎵 虽然几乎所有孩子一生下来就喜欢读书，但并不是所有孩子长大之后都会喜欢书。

如果妈妈不在潜意识中阻拦孩子喜欢书，那么孩子在成长过程中都是喜欢读书的。孩子是否喜欢读书并不完全取决于基因，但遗传是一种潜在的影响力，会根据环境的不同带来不同的影响。如果给孩子制造一个可以读书的环境，那么遗传基因就会帮助孩子增强读书的能力。如果给孩子制造一个不能读书的环境，那么遗传基因就会帮助孩子远离图书。

这类似于"马太效应"。将马太效应运用到璞润教育理念之后，变形为"量变引起质变"。

在亲近期的时候，要为孩子营造出便于读书的环境。我们夫妇到目前为止已经为璞润购买过一万多本书了。一万多本书虽然听起来很多，实际上每个月在两个孩子身上花费的教育费用也就是 15 万 ~ 20 万韩元。如果每个月花费约 10 万韩元给孩子买书，坚持二十年之后，孩子就拥有了一万多本书。

璞润妈妈在孩子比较小的时候，为了省下钱来给孩子买书，孩子的头发都是她亲自剪的。剪一次头的费用节省下来就可以买一本书。现在优质的图书很多，书的价格也不高。但是在三十年前璞润年龄还小的时候，书的价格并不低，可供选择的种类也不多。我们结婚的时候生活很贫穷，后来又经历了经济危机，我们的两项事业都受到了重创，璞润妈妈抚养孩子的时候也非常节省。

哪有人刚开始就能剪好头发的？一次，璞润妈妈在给璞润理发的时候，一不小心把他后脑勺上的头发全部剃掉了。然后璞润妈妈拿来了眼线笔，给他的后脑勺涂黑。璞润问她：

"妈妈，你在干吗呢？"

"璞润，对不起，妈妈不小心把你的头发都剃掉了。"

"妈妈，没关系，挺凉快的。"

就这样，我们给孩子攒下了一万多本书。现在想起这些往事还会觉得不是滋味。事实上，我们给璞润买的书，还不到他期望数量的十分之一。璞润从来没有上过补习班，上大学之前没有去国外研修过，我们把所有的教育费用全部用来买书了。如果父母有信心，能够做好孩子的教育规划，那么培养孩子并不会花费太多。

我们在最开始抚养孩子的时候，并没有意识到读书的重要性。璞润3个月大的时候，有一个亲戚来我们家卖童话书，当时我们想，3个月大的孩子怎么会读书呢？现在想来，第一次抚养孩子的新手父母确实不太懂孩子的教育。我并没有看到璞润当时看到童话书后是真的对书有反应，还是单纯地手舞足蹈，但璞润妈妈告诉我孩子看到书之后确实有不一样的表现。当时璞润妈妈内心觉得："这就是天才啊，如果不是天才，怎么可能3个月大就对书有反应呢？"

大家一般认为天才就是善于学习、智商比较高的人。实际上天才是指，无论在什么领域，都可以很好地发挥自己的内在力量，具有无限潜能的人。璞润在语言方面算是天才。

"你相信自己的孩子是天才吗？"

有一个妈妈带着自己在璞润教育影响下长大的孩子移民到了澳大利亚，在天才研究领域具有权威性的一个学者这么问她。

"是的，我相信。"

"那么你的孩子就是天才。"

"你相信你的孩子是天才吗？"这个问题是想问妈妈在潜意识里是用什么样的眼光看待孩子的。每次演讲的时候，我都会问这个问题。那些笑着听演讲的妈妈会突然安静下来，这种气氛仿佛在说："孩子和我这么像，怎么可能成为天才呢？"妈妈不相信自己的孩子是天才，孩子又怎么可能成为天才呢？没有信任就没有可能性，没有可能性就没有结果。

当时看到璞润的反应，璞润妈妈没有和我商量，直接拿出了3个月的房租，把亲戚带来的3套童话全集都买下来了。虽然买书的时候她很开心，但是晚上我回家的时候，她又开始担心。她觉得自己在我们非常贫穷的情况下，用缴纳房租的钱买了书，深感不安。我听了原委之后，又看了一遍书，心里疑惑3个月大的孩子是否真的会读书。但因为书放着也不会腐烂，孩子现在不看，可能之后也会看。所以我没说太多，只是称赞她做得对。

现在看来，当时我没有发表自己的意见，只是夸璞润妈妈做得对，真的是非常明智的选择。

我们的婚房是一个很小的房间，连放置书架的空间都没有。如果我和璞润妈妈并排躺着，璞润就会没有在我们旁边睡觉的空间，只好把他放在我们头顶的位置。因为没有书架，所以必须把书堆在地板上，或者铺在地板上。我突然意识到："啊，原来书要踩在脚下呀！"

璞润在房间里来回走的时候，踩到的东西就是书。如果房间里连一本书都没有，孩子怎么可能喜欢看书呢？当然，我并不是提倡大家住在这种单间里面，在这种单间里面生活实在是太辛苦、太痛苦了。

在孩子的亲近期阶段，需要妈妈抛弃一些偏见，还有一些需要注意的事项。

首先，**要放弃看书时必须从头读到尾的想法**。书是对话的媒介。妈妈在抚养孩子时，要不断地和孩子亲密地对话。妈妈不能不和孩子沟通。如果妈妈不说话，孩子学习语言的能力就会下降。学会说话从听别人说话开始。

如果不谈论图书，妈妈能对孩子说的话就会很有限，也很难跳出生活中常用的类似"该吃饭啦，该洗漱啦，不要跑，睡吧"这些日常用语。

在进行智力检测时，主要看孩子比他的同龄人普遍知道的高水平词汇的数量要多多少。例如，孩子 6 岁的时候，如果掌握了同龄人普遍知道的词汇，智商就是 100。但是，如果掌握了 12 岁的孩子普遍知道的词汇，智商就是 200。话说得流利并不意味着智商高，学会使用比同龄人更高级的词汇，才是智力高的表现。通过读书，妈妈可以给孩子提供接触超出日常生活语言范畴的高级词汇的机会。

也有研究结果表明，爸爸给孩子读书，比起妈妈给孩子读书，更有助于提高孩子的智力。因为爸爸会使用更加客观、更加具有社会性的语言。孩子想要去看书中有趣的部分，就会快速翻页，找到自己喜欢的部分。有着"书要从头读到尾"信念的妈妈心情会因此变得不好，会抓住孩子的手，不让他快速翻书。而孩子就会感受到妈妈的控制。有过这样经历的孩子很难真正喜欢书。

书是对话的媒介，意思是说孩子要和自己喜欢的内容进行对话。直接读书上的文字的过程是对话，通过书上的画面找出隐藏的画面也是对话，从头到尾一字不落地读完整本书也是对话。在孩子对秩序比较敏感的时候，如果妈妈在读书的时候打瞌睡，或者读错了一个字，孩子就会哭闹。对孩子来说，妈妈的这种行为破坏了自己的秩序。妈妈要像流水一样灵活地对孩子做出反应，跟着孩子的脚步前行。

第二点要注意的是把书保持干净的偏见。小孩子的书，应该可以咬、吸、捡、扔。有些妈妈买了书之后，会把书放在玻璃书架上，用锁锁住。如果把书买回家还需要如此精心地保管，买了书又要做什么用呢？

孩子随便扔书的理由是什么？是为了惹妈妈生气吗？这个世界上没有孩子是为了惹妈妈生气而出生的。孩子其实是在做重力实验，所以会尝试投掷弹性系数不同的各种东西。知道了这一点的妈妈就会给孩子提供这个机会，让他在保证安全的情况下进行尝试。

孩子之所以咬书、吮吸，是通过嘴巴的感觉来认识对象。如果图书是用安全的材料制作的，就要给孩子充分的探索机会，这样孩子才会知道书不是用来吃的。即便是孩子目前还没有意识到这一点，"吃"了几本书之后也会知道。

孩子有时会没完没了地抽取纸巾，其实这是在锻炼眼睛和手的协调能力。那么这种状态孩子会维持多久呢？当孩子的协调能力变强，这个行为不再构成挑战的时候，孩子自己就会觉得没意思，从而停下来。

如果孩子在书上画画或者撕书，有些妈妈会惊慌。其实孩子是通过画画来表达自己。我在看书的时候习惯进行深度思考，遇到有共鸣的句子，一定要画上线，折叠起来，方便下次看的时候能够快速找到。而且，每当我再次看到那个句子时，如果有新的感悟，就会在书上做笔记。这样我就能知道自己的意识在这段时间里是如何变化的了。如果孩子把书撕了，那就把书再粘起来吧。如果孩子是为了满足想撕东西的欲望而撕书，可以多给孩子一些类似报纸的东西，让他撕得开心就好。不要让孩子对书有不愉快的经历，要建立起书在孩子心里有趣、美好的形象。

第三点是**尽量不要否定孩子**。璞润出生的时候，我家并没有多少危险的家具或其他东西——摸到之后会破碎或让人受伤。偶尔家里来客人，开门进来之后，第一句话就是："你们马上要搬家吗？"如果把房子按照我们夫妇的标准来布置，大概会变成孩子想要摸这个会被否定说"不行"，想摸那个也会被否定说"不行"。于是，我们夫妇把房间布置成了可以让孩子随意去体验的结构。

在孩子3岁之前，带他回外婆家的时候也要注意。沉浸在书本中的孩子，在环境发生改变后，需要很长时间才能再次集中精力。孩子需要集中精力的时间和大人是一样的，会根据环境产生较大的变化。并不是让大家不回娘家，而是说去了娘家或婆家时，往往不能把精力集中在孩子身上。但即使如此，夫妻中也要有一个人看着孩子，保护他不被周围人否定。

有一个妈妈把孩子抚养得很好。她带着孩子回婆家的时候带了很多书，婆家的人睡觉都比较早。孩子闹着让妈妈给他读书时，这个妈妈怕吵醒婆家的人，只好不断地告诉孩子要安静。听到这句话的公公把灯打开，说孩子既然想听书，那就给他读。

第四点，**不要把书看成一种特殊的存在**。如果孩子不读书，内心住着一个"傻瓜"的妈妈就会像发生大事一样不安。在孩子玩游戏的时候，妈妈就会焦虑，会劝说孩子停止玩耍，多读点书。

不管孩子做什么，每时每刻都是在跟随着自己内心的想法进行学习。但是妈妈的心思却不稳定，会把书看成一种特殊的存在。书其实是日常生活中的一部分。平常出门旅行的时候、去亲戚家的时候，带着书去读就可以了。

有一个妈妈，她的孩子患有脑瘫，需要接受多次手术治疗。这个妈妈虽然对此感到绝望，但听我曾经讲过，对身体成长最好的方法是读书，读书会让大脑发达，后来她就看到了希望。每当孩子接受手术的时候，她就拿着书去医院给躺着的孩子读。她读书的时候，周围很多人都觉得这没什么用。但她不介意周围人的眼光，给孩子读了很多书。这是妈妈对孩子的爱。

孩子并不知道自己得了脑瘫。据说，孩子进入学校后，问妈妈为什么自己不能像别的小朋友一样跳绳。虽然医生说这个孩子不能跳绳，但妈妈不想孩子因为恐惧就给自己设定限制。

后来孩子就在妈妈的同意下开始了跳绳，就像他投入到读书中那样，一旦开始跳绳，就不断练习，永不言弃。

有一次，接受璞润教育的家庭聚集在一起，欣赏孩子们的特长表演。那个孩子表演了跳绳，我们屏息观看。孩子跳绳的动作轻柔又漂亮。跳绳结束后，在场的所有人都是一片欢呼，流下了激动的眼泪。现在想起那个时候，我的眼睛还会变得湿润。

那个被诊断为患有脑瘫的孩子，在周围同龄人中大脑发育程度最高，超过了那些没有患脑瘫的普通孩子。

内心住着一个"傻瓜"的父母，自己虽然不看书，却会给孩子施加情感压力，要求他读书。父母自己读书便是给孩子营造了一个读书的环境。读书并没有什么特别的，只是一种日常行为。我就是从母亲那里学到了读书育儿。

虽然生活很贫穷，母亲学历也不高，但她一辈子都在读书。炎热的 7 月，在大豆田里干活，想回家凉快一下的时候，母亲就会翻开书来看。虽然母亲已经去世很久了，但我一想到她，首先浮现在我眼前的就是她读书的背影。

我在不知道为什么要读书的情况下，读了一辈子书。现在我除去最基础的咨询工作，还要做演讲、做网络视频、经营璞润教育研究所，平时工作非常忙，但我依然会抽空读书。不管我有多忙，每年都会读 100 本书。当然，我读的书并不是像《奇迹课程》那样超过 1400 页的巨著，其中有很多关于育儿、成长的图书，其实读一本书不需要太长时间。

玩耍时期：和书一起玩耍的阶段

🎵 孩子如果不喜欢看书，是有原因的。

　　孩子不喜欢读书的原因主要有两个。首先，孩子拥有的图书当中，没有他想看的书。因此，并不是说所有的书都要买回家，也可以去图书馆借孩子喜欢的书。而孩子会放在身边反复看的书，最好可以买下来。如果从图书馆借书，必须按期归还，孩子真正喜欢的书，只读一次是远远不够的。

　　我一开始并不知道孩子需要有对书的所有权。璞润出生30个月后，我的第二个儿子楚绿也出生了。这时家里已经有了一定数量的图书。我简单地认为，楚绿看哥哥的书就可以了，所以没有单独给楚绿买书。

　　璞润小的时候，给他买书真的是一件很不容易的事情，所以买书的日子也是快乐的日子。每当买新书的时候，我们夫妇会很开心，璞润也会眨着亮晶晶的眼睛，高兴得直颤抖。璞润在读书之后会很快进行输出，每次他看了新书之后都会给家人做演讲。当时我们夫妇会经常对他说："崔璞润博士，能给我们讲一讲吗？"

楚绿却没经历过这种快乐。如果父母开心，孩子也会跟着一起开心。璞润妈妈也很喜欢楚绿，把他捧在手心里，给予他满满的爱。但楚绿不像璞润当时那样熬夜读书。我们培养第一个孩子时，把热情都放在了提升其智力方面，多少让孩子缺失感性。培养第二个孩子的时候，虽然培养了孩子的感性，但是缺少了智力的提升。璞润看到书就会主动去读，可以很快地理解书中的内容。楚绿读书却要花费一些力气，才能坚持读下来。

我后来读到一本育儿书，书上说："要让孩子拥有对东西的所有权。"我们夫妻才意识到培养两个孩子时自己错失的是什么。

楚绿很喜欢漫画，喜欢自己画画。画恐龙时不会间断，会一次性画完，比例分配得很好，看起来像真恐龙。璞润教育是让孩子更喜欢自己原本喜欢的东西。我知道了楚绿不能集中精力读书的原因之后，开始给楚绿提供只有他拥有所有权的东西。

因为楚绿喜欢漫画，所以我们开始给楚绿买漫画书。一本一本地买，后来发现漫画书已经超过了 1000 本。给楚绿买漫画书的时候，我会对璞润说："璞润，这本书是楚绿的，如果你想看必须得到楚绿的许可哦。"从而明确地表示出书是属于楚绿的。然后，楚绿会说："哥哥，我把这本书借给你，你把那本书借给我吧。"他会和哥哥进行协商，去看那些自己之前没有看过的书。

现在孩子们都长大之后，我才想到，当初应该为楚绿买更多内容简单的书。但是那时没有这种意识。璞润小时候涉猎了各个领域的书，而楚绿小时候主要看了漫画书。虽然他只看了漫画，但是对于学校的学习并没有任何影响。楚绿在高中的时候，八门科目都得了一级，以第一名的成绩毕业。楚绿在学校时不单单学习成绩好，在运动、美术、音乐等领域也都做得很好。在我们家拿过第一名的，只有楚绿一个人。

书应该成为孩子的玩具，而不是学习的工具。如果书的内容有趣，孩子自己就会读。有趣的漫画可以帮助孩子理解图书的内容，很多父母担心孩子习惯了漫画书的形式之后，会对他阅读文字产生影响，但从我的经验来看并不会这样。

世界儿童中阅读能力最强的是芬兰的儿童。在芬兰，小学四年级中 59% 的孩子每天读的书就是漫画。这个统计是事实，但是如果认为孩子读漫画书效果不好，就会无视这个事实。璞润也曾经一度疯狂地喜欢漫画。

如果想让孩子广泛涉猎图书，就要培养孩子对某个领域的特殊爱好。璞润小的时候喜欢恐龙，他在高三的时候，对恐龙和古生物学领域很感兴趣，甚至自己写了一本《恐龙博物馆》。在教育氛围比较好的家庭里，如果孩子喜欢恐龙，家长最少会给他买 200 本左右有关恐龙的书，让他对恐龙有更多的了解。并不是说不给孩子买 200 本相关的书，就意味着教育方式有问题。我想要表达的是，如果孩子对某个领域感兴趣，父母就应该创造一个能够让他尽情去体验这些的环境，这样孩子才能把兴趣延伸到其他领域。

例如，喜欢恐龙的孩子听到"侏罗纪、白垩纪"这样的词汇，兴趣就会转移到历史上。那么父母只要创造一个能够让他尽情去探索历史的环境就可以了。这样做，孩子就会逐渐通过对各个领域的深入，达到均衡的阅读。

男孩喜欢的领域有着明显的性别倾向。如果孩子喜欢汽车，给他一些可以深入了解汽车的图书，创造一个能够探索汽车知识的环境，那么孩子的兴趣就会逐渐扩大到机械领域，或者制造汽车的国家的文化上。

我们不知道孩子会对哪些领域感兴趣。如果原本喜欢公主的孩子，又对女王产生了兴趣，那么父母可以预测孩子的兴趣可能会转移到女王生活的国家的文化。但是，孩子也有可能把兴趣点转移到"蚁后"的身上。所以需要父母时刻关注孩子的眼神，关注孩子感兴趣的领域。

女孩倾向于阅读所有自己接触到的图书，而不是对特定的领域表现出兴趣。她们读书时不区分领域，会逐渐接触到深层次的内容，这些孩子常常具有无限的潜能。

璞润曾经一度执迷于恐龙。过了 60 个月之后，他的兴趣又转移到历史上，开始看《三国杂志》这样的历史漫画书。他反复阅读了一套 60 本的《漫画三国志》，重复读了 250 多次。这套书如果我想读完，也要花费整整四天的时间。直到小学四年级为止，璞润还看了当时很多孩子喜欢的漫画书，比如《漫画三国杂志》《糊涂虫书堂》以及"生存"系列，还有一些以漫画形式呈现的古籍，还有《远邦近邻》《十八史略》《食客》等，他真的读了很多。有一段时间，他只读漫画书，后来从小学四年级开始，兴趣就转移到了其他图书上。此后，虽然他读的漫画书少了，但至今一直在坚持阅读漫画。

孩子不读书的第二个原因，是父母给他施加了情感压力，逼他读书。孩子在学习的时候，需要有宽松的环境、愉悦的心情。在孩子表示反感和拒绝之前，父母要先帮孩子拒绝。读书也是一样的，需要父母先给孩子创造读书的环境，在孩子说想读书的时候再把书交给他，不能在孩子想读书之前让他读书。**能够培养好孩子的父母不会控制孩子，而是紧跟着孩子的脚步及时做出反应。**

孩子不会拒绝有趣的事物，如果书的内容有趣，孩子就会自己去看。如果不是把看书当成一种义务，而是把它看成一种充满趣味的游戏，孩子一定会喜欢。

父母都希望自己的孩子能够好好读书。但是要注意一点，不要让这份心愿转化成孩子感情上的压力。虽然妈妈口头上对孩子说"不读书也没关系"，但是如果观察妈妈的眼神和表情，就会发现，如果孩子不看书，妈妈就表现得不安。如果孩子不看书，妈妈的心就会怦怦地跳，会经常监视孩子什么时候读书。妈妈一眼就能看到孩子现在是在读书、玩游戏还是看电视。同样，孩子也能感觉到妈妈一直在监视自己。

有些妈妈听到别人家的孩子很喜欢读书的传闻，就会马上给自己的孩子买书，并不管孩子想不想看这些书。自己花了钱和心思给孩子买的书，孩子如果不看，妈妈就会着急。会在内心默默忍着怒气，直到有一天听到邻居家的孩子因为爱读书获得了成果，就再也抑制不住，情绪瞬间爆发了。

"为什么我给你买的书你一本都不看，就知道玩游戏呢？"

孩子不会上当的。孩子很纯洁，知道妈妈内心的想法。如果妈妈不成长，就很难放下控制孩子的欲望。

孩子无论做什么，都有自己的节奏。父母知道这一点之后，会选择相信孩子，等待孩子自己迈开前进的脚步。读书是快乐的，能够从读书中找到趣味的孩子，遇到自己喜欢的书，哪怕不吃饭、不睡觉，也要看书。

"让读书的快乐成为孩子读书的目的。"

孔子曾经在《论语·学而》中指出："学而时习之，不亦乐乎？"

"为了什么而学习"是不对的。"什么"指代的目的并不存在。

不是"为了学习而读书"，读书本身就是目的。抱着这种想法读书的孩子，入学之后会觉得教科书也很有趣。解开数学题的时候，获得的喜悦感取决于试题的难易程度，而不是分数。如果孩子觉得做习题集有意思，为了给孩子带来和能力匹配的挑战，可以每年给孩子一次机会去做。

抚养璞润的过程中，我逐渐从经验中领会了孔子这句话的含义。璞润升到中学，进行科学考试的时候，如果对考试范围内提到的岩石感兴趣，就会打开百科全书，一直看到深夜，学习岩石的相关知识。璞润妈妈经过的时候，会说一句："璞润啊，你是在写博士学位论文吗？"

虽然璞润妈妈让他看一遍考试范围，但璞润依然坚定地学习自己感兴趣的岩石知识。

第二天，他参加科学考试后回到家，会随口说了一句："妈妈，今天的题目没有一道是和岩石相关的。"

真酷！如果是我，白白学习了岩石的知识却没有用到，可能会因为时间被占用而感到遗憾或者发牢骚，但璞润没有。对岩石进行了解的过程，本身就是因为喜欢而学习的过程。

通过这种方式学习的孩子，随着年级越来越高，在学校的成绩也会越来越好，到了高中二年级左右，就会开始崭露头角。因为迷恋分数而学习的孩子，这个时候就会开始感到疲惫。认为学习本身就很快乐的孩子，随着学习的难度增大，越能体会到挑战的乐趣，会变得更加积极。

在抚养璞润的过程中，我们夫妇做得比较好的一点是没有让璞润失去对学习的乐趣。璞润真的是一个天真烂漫玩耍着长大的孩子。如果璞润出去玩，我们夫妇其实完全可以说"不要玩了，读点书吧"之类的话。很多人都很关注璞润如何成长，但是到目前为止，我们夫妇二人还没有说过让他去读书的话。

璞润妈妈在璞润玩耍之后回到家时，会给他铺开被子，对他说："崔璞润博士，你为了玩可真是辛苦了，快休息一下吧。"

然后璞润妈妈就会拿起璞润最近读的书，坐在一旁，一边说"啊，这书真有趣"，一边认真读书。本来已经躺到了被窝里的璞润就会爬起来，和妈妈一起读书。

"璞润，妈妈要去下洗手间，你可不能趁我不在偷偷看书。"

说这句话的时候要注意一下。因为有的孩子如果听到家长说不让读，就真的会不读书。而璞润的性格是不让他读的时候他偏要读。**教育方式要根据孩子的个性来调整。**

刚才铺好的被子现在被璞润妈妈占据了。璞润妈妈把一条腿伸到璞润旁边，呈"大"字形躺着睡觉。很多时候，璞润会熬夜读之前妈妈不让他读的书。璞润妈妈把腿伸到他旁边的意思是：即便是用这种方式，也要陪在孩子身边。

世上哪有如此轻松的教育方式。妈妈可以躺着睡觉，孩子一边读书一边自己成长。璞润开始读书的 29 个月后，在我的印象中就没再怎么给他读过书了。他读书的速度比妈妈快，如果妈妈想读给他听，他就会说："妈妈太慢了，我要自己读。"

每个孩子在任何领域都是天赋异禀的。只要让孩子更加喜欢他喜欢的东西，就可以挖掘出孩子身上的巨大潜能，让孩子都成长为天才。即便是进入学校之后，也要了解孩子的特性，注意不要伤害孩子的灵性。

天才的特性之一是非同时性。斯科特·巴里·考夫曼（Scott Barry Kaufman）写的《绝非天赋：智商、刻意练习与创造力的真相》一书中有这样的内容：

> 所谓天才，是将超前的认知能力和高度的热情结合在一起，产生与一般标准有质的差异的内在经验和认知的非同时发展。这种非同时性会随着智力和能力的提升而增强。天才因为他们所具有的独特性，格外容易受伤。因此，为了使他们能够取得最好的发展，需要父母调整养育、教育和沟通的方式。

这段话的意思是：天才的成长不是同时进行的。也就是说，孩子的智力可以比同龄人领先十五到二十年，情绪则是和年龄增长同步的，行动可能还会落后于孩子目前的年龄。因为孩子的各个方面不可能全部同时发展，所以可能会被社会误解，并因此受到伤害。说话像大人，做事却像孩子，父母或老师可能不会理解孩子的这种状态。特别是智力超群的天才，非同时性的现象可能会更加明显，在这种情况下，如果天才不能被小心呵护着，就有可能受到比较大的伤害。

天才的另一个特征是非顺从性。天才会沉浸在自己喜欢的领域里，但对于不喜欢的领域，不管父母或老师如何劝说，都坚决不会去关注。自己认为合理的事情就会主动去做，但只要存在一丝怀疑，无论别人怎么劝说，他都不会去做。

璞润在读小学的时候，会把教科书放在学校的储物柜里，每天都背着空书包去学校。

"为什么要背空书包？"

"爸爸，我是出于礼貌才这么做的。"

他从很小的时候开始就很讲礼貌。把教科书放在学校之后，回家就不会写作业。当然，如果是在自己喜欢的领域进行调查和提交报告的作业，他会做得比任何人都努力。但如果只是简单的重复性作业，他就不会去做。有一天，璞润妈妈看到他的笔记本有几页上面写着："要做作业，要做作业。"璞润妈妈说："与其写这些东西，还不如快点写完作业。"听到妈妈这么说，璞润依然没有做作业。顺从性家长和老师如果要教导这种非顺从性孩子，该有多么辛苦啊。如果老师在童年时期习惯了顺应家长的想法，遇到这样的孩子之后，会勾起自己曾经因为顺应家长而产生的创伤，在教育孩子的过程中就会觉得特别辛苦。

随着璞润开始被大家看作读书天才，我们夫妇不得不等待璞润身上的特性达到和谐的状态。另外，为了能够让他不需要顺应学校的要求，防止他失去对学习的乐趣，我们也花费了很大的心思。在这个过程中，我们夫妇也得到了成长。

沉浸时期：沉浸于图书的阶段

如果能够听从孩子的需求，持续地给孩子读书，孩子就会逐渐接触到更高水平的图书。

米哈里·契克森米哈（Mihaly Csikszentmihalyi）的《心流：幸福心理学》一书中，对于沉浸的定义如下：

> 意识有序地组织在一起，并且不需要防御外在威胁，所以我们可以专注于目标。

沉浸是指对其他任何事情都不感兴趣，沉迷于目前所做的事情中的状态。这种状态本身就会带给人快乐，而要想达到这种状态，则需要花费很大的心力。

沉浸时的状态是"像自由飞翔一样的感觉"或者"像流水一样舒服的感觉"。沉浸其中时，虽然感受不到幸福，但沉浸的过程结束之后，幸福感会如潮水般涌来。在沉浸的过程中，人意识不到时间和空间的变化，和沉浸的事物融为一体，从而能够获得最大的成就。

沉浸可以发生在游戏、运动、钓鱼等休闲活动中，也可以发生在其他多个领域中，其中读书的过程最能够让人沉浸其中。

读书的时候，沉浸时期是从"再，再"这句话开始的。读完一本书之后，孩子会说："再读一遍。"再给他读完一本书，孩子会继续说："再读一遍。"如果能够一直满足孩子的这个心愿，孩子的阅读量会得到很大的提升，逐渐开始阅读较高水平的图书。

璞润教育强调，给孩子读书时要观察孩子的眼神，如果孩子的眼神闪闪发光，表现出想要继续听下去的渴望，那就一直读到孩子满足为止。有一个十分优秀的妈妈，把孩子培养得很好，她有一个读小学的女儿，可以使用韩语、英语、汉语、日语四种语言。她说自己很难捕捉到孩子眼神的状态，所以给孩子读书的时候，会读到她的屁股离开板凳为止。如果孩子一直坐在那里，她就会一直给孩子读书，有一天她甚至一口气给孩子读了500多本书。我们夫妇也有过这种经历，璞润从17个月大的时候开始进入沉浸时期。当时我是做出版工作的，每天都会校对到晚上12点之后才下班回家，我一回到家，璞润就会抓住我的裤腿说："爸爸，书！书！"拖着我去给他读书。

我连衣服都没来得及换，从晚上12点一直读到凌晨2点。其间，璞润妈妈小憩了一会儿，凌晨2点的时候和我换班，一直读到了早上6点。我记得一直到璞润27个月大为止，我们整整给他读了10个月。后来觉得太累了，就通过游戏的方式教他韩语，他29个月大的时候就可以自己读书了，我们才终于解放了。

对于熬夜给孩子读书这件事情，有人会问："难道不让孩子睡觉，而是熬夜给他读书吗？"

不让孩子睡觉就是虐待孩子，父母对孩子有着关怀备至的爱，怎么会虐待孩子呢？这只不过是对孩子沉浸于某件事时的状态做出相应的反应罢了。经历过沉浸的过程，并且达到过最佳状态的孩子，之后不管在哪个领域，都希望能有同样的经历。在孩子沉浸其中的时候，父母如果可以创造一个能够让他充分沉浸其中的环境，孩子就会通过沉浸的方式，来逐步拓宽自己涉及的领域。

璞润教育研究所的讲师中有一个"开心果妈妈"。小开心果曾经沉浸于火车知识长达80个月的时间，开心果父母给他读了超过3万本的相关图书。开心果父母因为小开心果想乘坐磁悬浮列车，还特意去了中国上海。带他去日本观看了铁路博物馆，去中国香港参观了有轨电车。小开心果在了解火车的过程中学会了韩语，掌握了数的概念，并且开始对世界历史等多个领域产生了兴趣。

接触到一些相关的案例之后，很多父母会担心，自己是不是也要熬夜给孩子读书。因为本来就需要上班，要处理很多事情，如果还要给孩子读那么多的图书，可能还没开始，就想要放弃了。

即使如此，也要坚持为自己的孩子每天读15分钟左右的书！哪怕每天只读15分钟，坚持五年之后，孩子也可以听到约3200万个词汇。如果想通过学校教育实现这一点，需要老师每秒说10

个单词，并且坚持 900 个小时。但是没有一个老师能保持这个强度对一个孩子不间断地输出 900 个小时，也就是说这是不可能实现的事情。

教育距离我们并不遥远，孩子可以在父母膝下接受教育，父母是孩子伟大的导师。你希望自己的孩子智商和情商都很高，在任何一所大学都能够崭露头角吗？

如果希望，就让孩子读书吧，让孩子沉浸在阅读的乐趣中吧。孩子在小学毕业前只要读完一万本左右的书，他去任何一所大学，学习都不会落后。

一万本书很多吗？人的大脑使用得越多，容量就会越大。书读得越多，阅读速度就越快。读书的速度就是人脑理解知识的速度。如果对书上的内容不理解，绝对无法做到快速阅读。

根据信息处理理论，人类可以同时处理大约七种类型的信息，包括听觉、视觉刺激、想法和感情的显著变化等。在璞润小的时候，他经常说自己的脑子里有七个房间，我当时还不理解他这句话是什么意思。直到后来学习了信息处理理论，才明白这句话的含义。在接受璞润教育的孩子中，有的孩子可以同时关注七台游戏机，但还未见过一个孩子可以同时操控七台以上游戏机的情况。

另外，人在区分一种信息与另一种信息之间的差异时，所需要的最短时间是十八分之一秒。人在一秒内可以处理一百二十六条信息，可以同时理解三个人说的话。也就是说，小时候多读书、头脑发达的孩子，在他面前放七本书，让他按照每本书分别读一页的方式读下去，他也能读懂。

有些妈妈说，给孩子读书时，如果孩子去做别的事情，就不想继续给他读下去了。但是这个时候如果停下来，孩子就会要求妈妈继续读下去。如果询问孩子书中的内容，孩子会回答"知道"。孩子可以一边听妈妈给他讲的内容，一边注意其他地方，同时处理各种信息。如果妈妈不知道这一点，就会以为孩子在无视自己而责骂孩子。

璞润小时候读比较简单的图书时，每分钟可以读五十页左右。虽然他没有学过速读，但听说这种程度已经是达到了速读的水平。他读书的时候并不是一行一行地读，而是会像摄像机一样抓取书上的内容。他的阅读方式也很自由，可以从下到上、从后往前、从中间往两边阅读。如果我们和璞润读同一本书，会发现根本无法追上他读书的速度。

"阅读10000本书"的建议来自我的经验。当然，没有必要一定要用这个标准来要求自己的孩子。我只是希望能够给大家一个参考，希望对大家确定孩子的教育方向有所帮助。当量足够多时，会引起怎样的质变，亲自体验之后就会知道。

璞润曾经就读于京畿道坡州市的金村小学、文山中学、金村高中。其间他既没有上补习班的经历，也没有读过著名高中，更没有海外研修的经历。他只是在一个小城市里读书，接受着公办学校的教育。

他在高中二年级的时候，下定决心学习心理学知识，自己学习了日语，选择了去日本读大学。如果想去日本读大学，必须参加日本留学考试（EJU），一级的满分是 180 分，璞润当时考取了满分。他因此获得了日本政府提供的奖学金，并且进入了以临床心理专业著名的位于大阪的关西大学。

他进入大学后，需要申请听讲的课程，他竟然一年申请了 50 学分的课程。在留学的过程中他需要学习日语，还要挑战非常棘手的心理学专业，竟然申请了 50 学分……

"哇，璞润怎么申请了这么多学分啊？"

当然，这么问他的时候，我的心里也会有一种"还真是回本儿了"的想法。

"爸爸，这门课好像很有意思，那门课好像也很有意思。"

璞润最后成功拿到 50 学分，还获得了学校的成绩奖学金。他还通过了面试，得到了位于大阪的财团提供的奖学金。因为他得到了政府奖学金、财团奖学金和成绩奖学金，所以在大学期间花费的费用比在韩国上大学还要少。他从关西大学临床心理研究生院毕业时，写了两篇论文，其中一篇被登载在学术期刊上。

璞润硕士毕业后，发现自己具有作为学者的才能。后来因为要参军，所以回国参加了语言学士兵的考试。最终被录取，服完了兵役。我以为这门考试本来就是这么轻松，后来听说，70% 的合格者毕业于首尔大学，30% 的毕业于知名大学，而且其中一些人，并不是考一次就合格的，而是通过复试才被录取的。璞润是唯一一个在坡州上学的合格者。

璞润进入军队后，第一次接触到存在相互比较的环境。他在上学的时候，成绩方面不存在大的问题，所以只学自己想学的内容。但是在入伍后，逐渐和优秀的人展开了竞争，自然而然地形成了相互之间的比较。虽然他在军队里过着紧张的生活，但情绪依然保持平稳的状态。

现在他已经退伍，正在接受专注法专业的指导训练，准备攻读博士课程。专注法是芝加哥大学的尤金·詹德林教授创立的研究领域，是将焦点放在"感受"上，用语言等方式表达出来，从而完成治愈的过程。璞润清楚地知道自己想学习什么。

如果璞润教育只以培养璞润一个人才为目的，这种教育方式就不会传播得如此广泛。现在，除了我们夫妻二人会传播璞润教育之外，还有坚持践行璞润教育的妈妈们，她们已经在社会上成名，作为璞润教育的见证人参与活动和进行传播，发挥着比我们更强大的力量。

其中践行璞润教育的河恩妈妈，出版了《胡作非为的河恩妈妈的不良育儿法》，成了韩国的明星讲师，后来她又凭借《读书育儿18年》一书成了畅销书作家。河恩曾经说在学校里没有什么可学的东西，因此选择在初中一年级学期末的时候退了学，参加了学历认证考试，结束了初中和高中的学习生涯，然后在16岁时考入大学。

河恩小时候特别喜欢读书，最近我和河恩见了面，发现她勇于挑战一切领域，能够享受人生、充满活力，成了一个对别人关怀备至的具有无限潜能的人。她会参与学校的学习、社团活动，还在上大一的时候去东大门亲自挑选服装，经营自己的服装店。

所以我觉得她确实成长得很好。

河恩妈妈曾经对我说："我只是努力按照璞润爸爸和璞润妈妈指导的那样去生活，然后我和河恩就拥有了闪耀的眼神和坚强又柔软的内心。非常感谢你们，非常感激。"

然后她又说："璞润爸爸，我真的没想到小时候读的书会有如此大的力量。"

自主时期：独立阅读的阶段

> ♫ 父母在给孩子读书时，如果孩子让停下来的时候，父母就停止给他读，就是刚刚好。

　　给孩子读书要读到什么时候为止呢？只要能够理解维果茨基的"最近发展区"这一概念，就可以找到答案。"最近发展区"是指孩子在大人的帮助下可以完成的学习范围。他说，孩子在有学识的成年人的帮助下，在放松的状态下进行学习，收获最大。在孩子不识字的情况下，孩子想让父母给自己读多少书，父母就应该给孩子读多少。但如果孩子识字，阅读速度比妈妈还要快，他会更愿意自己读书，而不是让妈妈给自己读。这时候妈妈应该抽出身来，让孩子自己去读书。

　　在孩子拼拼图的时候，刚开始需要家长帮助孩子指定位置，帮忙进行引导。当孩子的能力越来越强后，父母就可以站在一旁，在孩子需要帮助的时候再参与其中。再过一段时间，孩子自己就可以完成拼图，并且超越自己的父母。在这个时候，家长可以放手让孩子去拼图，只需要在一旁拍手鼓励即可。父母在教育孩子的过程中，有参与，也有旁观，这就是"最近发展区"的概念。

并不是说孩子识字之后就要一个人读书。孩子在识字之后，因为想要和妈妈产生情感上的互动，依然会让妈妈给自己读书。如果给孩子读书是为了表达妈妈对孩子的爱，那么只要孩子有要求，妈妈就可以给他读书。

但如果孩子阅读的速度变快，会在妈妈给自己读书的时候感到烦闷。在视频网站听书觉得烦闷的人，会很容易理解这种感受——我也是其中之一。如果自己读书，可能半天就能读完，而听书则要花费 10 天的时间，因此会觉得很烦闷。

父母在给孩子读书时，如果孩子让停下来的时候，父母就停止给他读，就是刚刚好。 对孩子的爱可以通过多种方式来表达。如果孩子要求"不要读了"，就要停下来。做让孩子开心的事情也是爱孩子的一种方式。

如果妈妈能够多给孩子读一些书，孩子的听书水平就会得到提升。但刚开始孩子用自己的眼睛读书的水平是低于用耳朵听书的水平的。自主阅读的目的是让孩子提高视力阅读的水平，超过听书水平。70% ~ 80% 的信息都是通过眼睛获取的，因此读书的目标更多地靠眼睛来实现。

独立阅读阶段并不意味着要提升图书的难度。如果想让孩子自己读书，就需要给孩子提供内容比较合适的书。如果难度超出孩子目前的阅读能力，那孩子读书时会感到吃力，从而觉得不安，不愿意一个人阅读。但如果难度太低，对孩子来说完全不能成为挑战，孩子就会觉得乏味。合适的书指孩子一个人刚好能读懂的书。

璞润在 29 个月大的时候，掌握了韩语，想要独立读书。当时虽然经济上比较困难，但璞润妈妈还是给他买了 500 多本通俗易懂、简短有趣的原创童话。因为反复阅读同样的书会让人感到厌烦，为了培养孩子自主阅读的能力，璞润妈妈就购买了许多难易程度相当的图书。事实上一次性买 500 本书的时候，我们是有些心疼的。但是璞润通过阅读这些比较简单的，适合他读的书，逐渐提高了阅读能力，之后到了某个阶段，璞润读书的时候就不再受图书难度的限制了。

原创童话像是一把火炬。在孩子能够阅读描绘事实的科学类图书、历史、名人传记以及某个专门领域等类似"火力较强的木头"的图书之前，最好先使用这些比较简单的图书帮助他完成过渡。

漫画也可以作为培养孩子独立阅读的工具，给孩子提供帮助。《朗读手册：大声为孩子读书吧》一书中有这样一段话：

> 根据我个人的经验和已经被验证的研究结果，我建议不爱读书的孩子去读漫画书。

通过阅读简单有趣的漫画书，孩子会意识到读书的乐趣，对读书产生信心，然后可能会毫不畏惧地选择高难度的专业图书来读。

在这个时期，父母要注意一点。如果想让孩子拥有独立阅读的自信，就需要让孩子在读书的过程中产生成就感。例如，如果孩子已经能够识字，妈妈就可以先读一行，然后让孩子读一行，引导孩子自己去读书。有些妈妈在给孩子做引导的时候读书的速度很快，要知道，即便孩子再聪明，刚开始读书的时候也跟不上妈妈的速度。

聪明的母亲就不会这样去做。她们会像初学者一样，读得磕磕巴巴。孩子就会觉得自己比妈妈读得好，这样他们才能产生信心，一口气读完一行。这时妈妈要极力称赞孩子，不要纠结于孩子读得是否准确，要对孩子凭借自己的努力取得成就的勇气表示认同，并且理解孩子的喜悦，对他们进行称赞。

我们夫妻二人在抚养璞润的时候，曾经分享过孩子取得成功的喜悦。这不是通过称赞的方式操纵孩子或者让孩子为父母争光。如果只对孩子取得的成果进行称赞，孩子就会惧怕失败。如果称赞孩子努力的过程，孩子就会对自己产生自信，拥有挑战一切的勇气。

在璞润学习韩语的时候，只要家人或亲戚聚在一起，我就将此视为培养孩子信心的机会。每当璞润读到一个字，我就会说："请大家鼓掌。来，鼓掌！"

通过培养璞润独立阅读的能力，我总结出在孩子独立阅读的过程中要注意的几个问题：

首先，**不要强迫孩子大声读书**。读书的最终目标是让孩子用眼睛看书。如果孩子自己大声朗读，那自然没有办法。但如果妈妈让孩子大声朗读，那么孩子眼睛的感觉系统和大声朗读时的运动系统会同时启动，导致孩子很难集中让感觉系统发挥作用，读书的速度也会受到说话速度的限制。一边朗读一边看书是一件很吃力的事情，会导致孩子很难长时间集中在书本上。

其次，**要相信孩子，并且关注孩子读书的过程。**要选择相信孩子，让孩子按照自己的方式读书。

最后，**不要怀疑孩子是否读懂了书中的内容。**如果孩子读书的速度越来越快，妈妈会疑惑："他到底有没有读懂书中的内容呢？是不是没有认真读书呀？"然后会抓住孩子问道："书中的主人公是谁？主人公是穿了红色的衣服，还是蓝色的衣服呀？"孩子就会回答："不知道。"

孩子如果读不懂书中 70% 以上的内容，就不会选择读下去。因为理解了书中的内容，所以才能读下去。如果想要进一步理解书中的内容，就会选择反复阅读。他之所以回答"不知道"，是因为知道妈妈在怀疑自己。如果想知道孩子是否读懂了图书，只需要妈妈和孩子一起读，和他分享书中的内容即可。因为孩子感受到了妈妈的怀疑，才会故意说不知道。只有说不知道，妈妈才不会继续问下去，孩子是在被妈妈怀疑后想保护自己，才说了违心的话。

我不会劝说孩子读单本的图书，也不会劝孩子读全套的图书。比如，我会给孩子一套 60 本的自然观察全集，观察他对其中哪些内容的图书感兴趣。如果孩子对宇宙部分感兴趣，我就会给他购买一些与之相关的图书，填补全集中没有出现的内容，并且购买时不会区分书的难易程度，只为了能够给他提供充足的信息。

这就是所谓的"垫脚石理论"。因为孩子不知道自己喜欢什么领域，阅读能力能达到什么水平，所以需要父母给孩子提供一个垫脚石，让孩子有机会去探索自己的兴趣。单行本就起到垫脚石的作用，但是仅靠着稀疏排列的垫脚石，孩子很难独自走完接下来的路程。所以需要父母在中间进行引导，而在这个引导过程中，父母容易出现控制孩子的行为。

我在培养璞润的过程中，给他买过10套自然观察全集。还有10种《三国志》。即便是同一主题的书，如果出版社不同或图书的形式不同，我也会给他多买几本。当然不是全部都买。我只是想让孩子通过不同的方式阅读同一主题的书，让孩子能够区别异说与定说，并掌握背景知识。如果观看主题相同的影片后再读书，就会回想"在影片中如何表现了该内容"，读书的过程就会变得更加有趣。这与上述道理相同。

虽然给孩子买了全集一共60本书，可能孩子只看了其中10本。全集中剩余的50本书可能在两年之后孩子也没有看。但我从来不会认为自己买错了书，对此感到失望或挫败，反而会给他再买一套相似的全集。通过去看新的全集当中的10本书来提高自己的阅读水平之后，他就会回头去看之前的全集中没看的那50本书了。如果家中没有这50本书，孩子就不会有阅读它们的机会。

孩子的读书水平会得到阶段性提升。比如在某一个时期停留在同一水平上，然后突然上升到较高的水平。在达到高水平之前，有可能会回到以前的低水平状态读一段时间书，之后再升到高水平。

如果给孩子看他感兴趣的领域的书，不知不觉整个房子就会被书填满。随着家里的书越来越多，孩子也逐渐长大，有的父母会想把孩子不看的书清空，保持房间的整洁。因此，在没有得到孩子允许的情况下，会把带有孩子回忆的书送给别人。孩子现阶段不会阅读这些书，但想去回顾往昔，或者停下来休息整理的时候，又或者读书水平提高到下一个阶段之前，就会想阅读这些书。因此，给孩子买的书应该归孩子所有，父母也不能随意逾越界限。

我家的书超过了一万册，看起来根本就不像是人住的房子。于是，在璞润读高中二年级时，我们得到了他的允许，整理了他小时候看过的书。

通过读书育儿唤醒孩子巨大潜能的十个要点

（1）每天至少给孩子读15分钟的书。

（2）享受阅读的过程。

（3）创造条件，让孩子读他喜欢读的书。

（4）读书本身就是目的，没有其他任何的功利性。

（5）允许孩子沉浸在其中。

（6）不要考察孩子读了什么内容，要以书为媒介和孩子对话。

　　(7) 要想拓展孩子的阅读面，需要让孩子先有所偏好。

　　(8) 要让孩子各自拥有适合他们自己的书。

　　(9) 通过游戏或其他有趣的方式尽早教会孩子文字。

　　(10) 孩子开始学英语时可以使用图画书。

第 六 章

用关怀备至的
爱抚养孩子
长大

所有的孩子天生具有巨大的能量

🎵 孩子具有无限可能性，教育就是帮助孩子实现这些可能性。

孩子的内心有着巨大的力量，从孩子在三年内学习语言的过程中就可以知道。只是无意间听到的声音，孩子就能够学会它的语调、节奏、发音，从而进行对话。大人无论怎么努力、花费多少时间学习外语，也不可能像原语民那样完美地运用语言。孩子学习语言的过程，是比起普通人在短时间内成为爱因斯坦更加神奇的过程。

教育有助于发挥孩子所具有的巨大力量。**如果在教育孩子时能够改变观点——不是灌输给孩子什么东西，而是去引导孩子，那么教育就是一个自然而然的过程，会变得十分容易。**

孩子如果从被孕育的那一刻起就没有恐惧，而是在给予自己关怀备至的爱的父母膝下成长，那么孩子会怎么看待自己呢？孩子会相信自己是有力量的，散发着光芒和爱。如果孩子抱有这种想法，并且付诸行动，就会勇于在自己感兴趣的领域不断挑战、不断学习，成为取得很高成就的、有能力的人才。

孩子对自己喜欢的、觉得有趣的东西会全身心投入。如果能够给孩子营造更好的环境，他就能够在一切领域不断挑战、不断进取。

没有不可能，意思是没有限制。限制就有恐惧感，恐惧有程度和内容上的差异。根据意识水平的不同，受到的限制会有不同，承受的痛苦也会有不同。不受限制成长起来的人被称为"具有无限可能的人"——这并不是指在学校成绩好的人。当然，在学校成绩好的人有可能是具有无限可能的人。

教育博士韦恩·戴尔在《为了孩子的幸福，父母应该怎么做》中对具有无限可能的人进行了如下描述：

> 他们无论何时都会表现出创造性，他们不会给自己设限，在任何情况下都具有高度的进取心和自信心。他们真心爱自己、对世界怀着爱、不会对生活感到厌烦，而是把生活当作奇迹来看待，会追求未知，涉足神秘的世界。
>
> 他们通常都相信自己，不怕冒险，听从内心的召唤而行动。虽然有时会感到愤怒，但绝不会被愤怒控制，在任何情况下都可以进行自我调整。他们不是评论家而是行动家，绝对不会拿自己的不幸向别人发牢骚或者抱怨。他们不会为尚未发生的事情担忧而浪费时间，会将重点放在解决问题上。也不会因为过往而感到内疚，不

会因为已经结束的事情而感到心烦意乱或灰心丧气，知道如何向过去学习。

他们具有强烈的生活目标意识和使命感，谁也无法磨灭他们不屈不挠的精神。他们会坚持自己的使命，任何障碍都阻挡不住他们。

据此，具有无限可能的人是指无所畏惧、热爱当下的人。他们就像爱自己那样去爱别人，去关心别人，去对世界施以援手。罗杰斯将他们称为"机能健全的人"，称他们"能够完全发挥自己的能力""具有独立的目的""意识水平较高""有所醒悟"等。

璞润教育是通过关怀备至的爱，将孩子培养成具有无限可能的人。具有无限可能的人是智慧与情感和谐统一的人才，同时具有诗人的感性和科学家的逻辑，拥有健康的心性。璞润教育为了培养孩子的智慧，会重视图书和对话；为了培养孩子的情感，会重视游戏和亲密接触。璞润教育培养孩子智慧和情感的舞台是大自然，基本精神是关怀备至的爱。

拥有无限可能的孩子的特征

备受关爱成长起来的孩子，未来往往拥有无限的可能，他们通常有以下十四个富有创造力的特征：

（1）喜欢搞小发明，会将所有的一切都变成游戏

创造力十足的孩子比较爱玩，总是能想出不一样的新游戏。他们热衷于在游戏中制定新规则，或者给每一个参与游戏的人赋予不同的角色。他们不知疲倦，会不停地给妈妈安排不一样的角色，告诉妈妈"应该这样说，应该那样说"。对于那些从未玩过这种角色游戏的妈妈来说，可能会觉得培养这种富有创造力的孩子十分辛苦。

这样的孩子往往有很强烈的好奇心，无论碰到什么样的东西，如果感到困惑他们就会提出疑问。与那些成品玩具相比，他们更喜欢自己去组装和制作，只要他们想，家里的所有东西都能变成他们的玩具。

（2）很淘气，常常让大人提心吊胆

富有创造力的孩子往往对自己很有信心，不管做什么都有信心取得好的成果。因为有信心，所以不惧怕失败，更喜欢冒险。当被问到能否独自骑自行车去邻近的城市时，他们会回答："当然没问题。如果可以，我很想试一试。"

璞润上小学的时候，就曾经在一个下雨天和朋友一起从金村骑着自行车到了一山。璞润朋友的爸爸看到后，不由得称赞说："你们真是太勇敢了。"这样的孩子敢想敢做，只要脑子里想得到，无论什么事情他们都想去尝试一番。

（3）好动，不喜欢安静

只要有感兴趣的事物，那么创造力十足的孩子出了门就像脱了缰绳的野马，不想回家——如果是在家，也不会闹着要出门。无论在哪儿，所有的东西对他们来说都是那么新鲜有趣，很容易沉浸其中。就算是在坐车外出的路上，也会玩类似成语接龙的小游戏或者想一些其他有趣的事情，并不会感到无聊。

他们乐于行动，总是积极动脑。在遇到问题时，比起静静地站在一旁观察，他们更愿意直接动手参与进去。

（4）热衷于电视广告

富有创造力的孩子会从不同的地方获取他们需要的信息。他们很喜欢看书，看到文字就会不自觉地去阅读。不仅喜欢看电视和视频网站，还喜欢看广告。在观看的时候，他们并不会带着比如"这个好，那个不好"类似比较和评价的眼光去看待，而是对所有的东西都抱有关心。

大自然中的一切对他们来说都很有趣。小鸟、小鸭子、昆虫、小猫、小狗、鱼、花、草、风、雪、雨等这一切都深受他们喜爱。不管是什么，都想去触碰、去尝试，所以他们的手上总是黑不溜秋，看上去脏兮兮的。

（5）拒绝千篇一律，不喜欢和别人一样

他们喜欢玩拼图、积木、迷宫、棋牌游戏、《我的世界》等游戏，因为这样的游戏一般都是灵活运用大脑，按照自己的想

法、长时间独立操作的。所以，他们会画一些天马行空、很独特的图画或编一些神奇的故事，或者喜欢用周围的纸张、牙签、被丢弃的亮闪闪的东西去尝试制作些什么。总之，他们对于一切感兴趣的主题都想去探索，甚至会找一些颇有深度的专业图书阅读，会通过杂志、广播等不同的途径获取信息。

他们会做课本后边的习题，不喜欢应付那些繁重、重复又无聊的学校作业。如果作业中出现自己感兴趣的主题，那么他们就会用心准备。对于这样的孩子，我们应该放手让他们按照自己的想法尽情去实验，自己去寻找解决问题的办法。如果强迫他们和别人一样，那么一不小心就会导致他们成为问题儿童。

（6）不善于隐藏情绪，什么都写在脸上

富有创造力的孩子身上是没有防御机制这把标尺的。他们往往不善于隐藏自己的情绪，有什么事情都写在脸上。谁都看得出来小孩子的情绪如何，因为孩子比较单纯和直接，如果越过了他们的界限，他们就会生气。他们心思细腻，通常不会隐藏自己的情绪。高兴的时候喜欢跳舞，会很温柔地向父母撒娇，一旦不满意就会大声痛哭或者跑进自己的房间。他们因为十分信任自己的父母，所以情感表达才如此自由。富有创造力的孩子看待问题极具独创性。他们往往拥有自己独特的想法和情感，会有独特的行为。正是这种独特的情感和感觉让他们产生了创造力。

（7）富有想象力，喜欢幻想

他们喜欢看地图，梦想去远方走一走。说起话来像大人一样，比起同龄人，更喜欢和大人对话。

如果你允许他们自由使用厨房，他们就会变得很兴奋，而且绝对会做出一道你从未吃过的令人大吃一惊的独特食物。他们经常会惊叹自己发现了一本颇有深度的食谱，然后在自己动手制作的过程中学习其中的一些化学原理。

给他们读童话故事的时候，他们总是会不停地要求你讲新故事，有时还会自己编故事讲给你听。如果你能一边拍手一边津津有味地听他们讲，那么他们就能充分发挥自己那丰富的想象力，也编出一个充满奇幻色彩的童话故事。

（8）和谁都能玩到一起

他们喜欢多变，即使做的中间走了许多弯路也毫不厌烦。因为他们能在不断的失误中寻找到学习的乐趣。

不仅是孩子，他们和大叔、大婶、奶奶、爷爷等所有年龄段的人都能玩到一起，并且相处愉快。他们是那么单纯善良，不带有任何偏见和判断。出于强烈的好奇心，不管是谁、是什么都想去了解，去探索。他们会像大人一样思考，包容接纳所有人，热爱自己的人生。

（9）喜欢挑战那些父母不会轻易同意的事

他们最基本的判断标准虽然还是以父母传递的信息和给予的

劝告为基础，但依旧会强烈地希望制定一套属于自己的评判标准。所以教育这一类孩子的最好方法是大胆放手，让孩子去做他们想做的事情。他们喜欢亲自去尝试、去探索，并且想按照自己的标准去判断事物。

（10）不会背着父母做坏事

他们有强烈的自我成长欲望，不会参与犯罪或者有其他可耻的行为。他们拥有一双善于发现的眼睛，能够很快分辨出那些只说不做、言行不一的人。

他们能准确认识到世界上存在多种多样的差异，不会赞成像"绝对正确，绝对错误"这样独断的分类方法。他们认可自身与他人的区别，即使和别人不同，也不会感到不安。

（11）比较执着，绝不屈服于权威

他们一旦对某件事情产生兴趣就会去尝试，并且不知停歇，喜欢不停地去钻研问题。比如喜欢跳绳，就会一直练到熟练为止。无论是什么样的体育项目，只要有兴趣就会去尝试和练习，只要有人愿意听，他们就能够和任何人搭上话。

他们对外表穿着并不在意，完全看心情来打扮，有时邋里邋遢，有时干净整洁。他们会接受父母或老师的合理建议，但是不会屈从于强势的权威命令或逼迫，也不会畏惧逃避，喜欢对这种权威性的观点提出疑问，直到出现令他们满意的答案为止。

（12）能够自觉主动地学习，喜欢自主学习的方式

富有创造力的孩子享受掌握新知识、解决新问题的乐趣，喜欢在这个过程中去学习。他们学习并不是为了得到别人的认可或者某种奖励，而是为了探索问题产生的来龙去脉，找到问题的答案，不是为了得到奖赏，而是喜欢探索钻研的强烈好奇心促使他们去主动学习。因此如果老师上课毫不生动、刻板无趣，那么他们就会自己去图书馆找一些相关图书来看。做自己学习的主体，不去询问别人，不受外界干扰，按照自己的进度不断充实提升自我。

（13）善于体贴别人，心地善良

他们幽默感十足，常常逗得父母哈哈大笑，并且喜欢营造欢乐氛围，但他们不会为了掩盖自己的羞耻心强颜欢笑。他们不赞同那些为了不被别人排斥而辱骂或诋毁不在场的人的行为，他们不会讲伤害他人的话，而且善于把忍耐作为实现梦想的强大的精神力量。

（14）早熟而又伶俐，喜欢独自玩耍

他们会去救助那些流浪街头、无家可归的小狗，善于发现别人的优点，不主动挑剔别人的缺点。他们喜欢比赛竞争，但比起战胜对手，更关心在竞争过程中自己成长了多少。他们喜欢读书、玩游戏、散步、练习乐器等，十分享受独处时光。即使是和大家在一起的时候，心中也会时常燃起创意的火花。

这样的孩子在父母或老师眼里可能并不算是乖巧听话的好孩子，但是不管大人怎么想，他们都会遵从自己的内心，去选择自己想要的生活。如果父母无法理解这样富有创造性思维的孩子，那么在教育他们的过程中就会倍感头痛。但是如果父母能够理解并用深切的关爱来培养他们，那么他们的成长就会让父母感到喜悦欣慰，给父母带来极大的满足感。

游戏，网络视频

> ♫ 游戏或网络视频也可以成为改善和孩子关系的沟通工具。沉迷于书本中的孩子，对其他事物也可以有同样的投入。

　　家长会担心孩子玩游戏上瘾。所谓上瘾，就是因为无法感觉到自己内心的情感，所以通过上瘾对象来感受情感，但最终却破坏了自己的生活。上瘾源于小时候从和父母的关系中受到伤害的"内在小孩"。如果因为儿时的伤痛对自己的存在感到羞耻，那么所有感情都会被束缚在羞耻心里面，让人感受不到它们的存在。

　　得到了关怀备至的爱的孩子和妈妈的关系会很好。人际关系其实是自己与妈妈的关系的扩大。在社会中善于交往的人，会将自己从与母亲的关系中学到的关怀运用于他人。

　　如果为了培养孩子的社会性，在他幼年时期没有得到细心保护的情况下，就让他与其他孩子相处，那么孩子会受到伤害，显示出相互依赖的倾向。

　　孩子需要妈妈的精心呵护。比如，孩子在学校里跟同学吵架了，但是妈妈问："你是不是做了错事？"

听到这句话，孩子还能相信谁呢？连妈妈也不相信自己，不站在自己这一边，下次就不会和妈妈说话了。

玩游戏或看网络视频可以成为妈妈用来保护孩子并改善亲子关系的沟通工具。在小时候，电视、网络、游戏之所以成为问题，是因为父母将这些媒体当作看孩子的工具。妈妈因为自己内心的"内在小孩"，恐惧亲密关系。也就是说，会对单方面把信息传达给另一方，却妨碍相互交流的媒体置之不理。孩子无法学会和人交往，会被孤立。

妈妈通过给孩子读书，可以和他进行交流，所以要多陪孩子读书，电视、网络、游戏也可以成为有用的教育工具。

我们夫妻俩和璞润看了很多电视节目。比如璞润喜欢恐龙，我们就带他到恐龙馆亲自体验，同时给他买了很多与恐龙相关的图书，陪他看了很多与恐龙相关的电视节目，特别是有关自然的纪录片。当璞润还很小的时候，有一个叫作《非洲的候鸟》的节目，拍摄了候鸟从非洲大陆南端的开普敦前往欧洲旅行的过程。随着多种鸟类和动植物的出现，场面变换很快，非常有趣。我们夫妻俩经常和璞润一起反复观看几十遍，然后一起聊天。

现在有了网络，很容易找到这种节目，教育环境变得好多了。沉迷于书本中的孩子在看网络视频的时候，也会同样地投入。他们由于好奇心旺盛，会自己进行探索。沉浸在网络视频中的孩子会想成为网络视频的制作者。因为想表达自己的愿望比较强烈，所以才会想去创造。

如果璞润想玩游戏，我们夫妻俩会让他尽情地玩，并不是因为阻止不了他，而是因为知道他有自我调节的能力，所以对他很放心。沉浸于某种事物的孩子虽然可以自行调节，但一旦上瘾，就会无法控制自己。

　　我不会玩游戏，不知道玩游戏需要什么配置的电脑，因此给璞润买了一台配置比较低的电脑。璞润在玩游戏的过程中，需要进行各种类型的升级，所以对电脑也有了比较深的了解。

　　即便孩子玩了很多游戏，看到很多网络视频，也不能说孩子只是在玩。读了很多书的孩子，会在有自己需要了解的信息的时候，重新拿起书。因为通过读书可以更加快速地获取信息。

　　我小的时候习惯了出去玩，不会玩电脑游戏，因此，很难和孩子在游戏的过程中进行交流。但是我知道，孩子通过玩游戏会对电脑更加熟悉，可以让自己的各项能力得到发展。如果你能够认可我的观点，那么孩子玩游戏就不再是问题。

通过玩游戏和孩子不吵架的方法

　　下面是璞润教育研究所里一个网名为"宥真妈"的妈妈写的文章。摘取这些内容是想让大家了解，可以用什么样的角度正确看待游戏。

　　最近因游戏而苦恼的父母比比皆是。也有人说"我们家没有人玩游戏"，我想给他们讲讲我自己家的故事。

　　璞润爸爸曾指出："璞润教育的核心是关系。书也是灵活用于父母和子女之间沟通的一种手段。"但最近，游戏似乎成了破坏父母与子女之间关系的罪魁祸首。现如今，想让孩子与游戏完全断绝并不容易。事实上所有能玩的东西都可以成为游戏。视频游戏不过是以一种媒介转换的方式，让人可以随时轻松地享受其中的各种乐趣而已。

我们也可以灵活地使用游戏，让其成为父母和子女沟通的手段（并非执意让孩子去玩游戏，只是在表现对孩子的关心时可以和孩子来一场比赛）。

现在我们家一共有三台电脑，分别是爸爸的、妈妈的、孩子的。在孩子 7 岁的时候我们家就有三台电脑了，并且三个人可以一起玩游戏。如果发现喜欢的手游，三个人就会一起玩。即便不是多角色的游戏，当一个人操作时，其他人也会在旁边观看。

三个人一起玩游戏进行角色扮演时，孩子爸爸是战士，我是弓手，孩子是治疗师，三个人一起进入地下城抓捕"BOSS"。当时，孩子还不知道疗伤，只顾聊天，让人特别心急。但最后我们还是一起抓住了 BOSS，让人感到很欣慰。记得我们在游戏里做盒饭分着吃，我和孩子爸爸当时都被打倒了，宥真一直坚持到最后自己解决了 BOSS，宥真自己得到了稀有卡片……这些都给我们留下了珍贵的回忆。

但是具体怎么玩游戏，玩什么游戏，应用到每个孩子身上都是有区别的。有些孩子需要获胜的经验，有些孩子想要获得归属感和连带感，还有一些孩子喜欢搭建东西，也有孩子想要通过漂亮的操作来获得成就感。父母如果能够灵活使用游戏，把它作为和孩子沟通的工具，观察孩子喜欢什么，在何时欢呼，看着他是如何深入游戏并投入其中的，我认为这一定会是加深和孩子之间感情的契机。

我们没有对游戏的日期和时长做出规定。似乎在做出这种规定的同时，"游戏"就变得"特别"了起来，变得越得不到就越吸引人了。就像是对不能吃巧克力的人来说，巧克力就成了特别了不起的东西。电脑游戏如果像木偶游戏或桌游一样，随时都可以玩，也就变得很普通了。

和孩子一起玩游戏的时候，如果说："妈妈有些晕，不能继续了。"孩子大多时候也会就此停止，一个人玩会没意思。我也只是在做一些我觉得有趣的事情，可如果感到头发昏或厌烦就不会再玩了。打雪仗也玩不了一整天。"妈妈太冷了，玩不了了，快回去吧！"孩子听了我的话，便会跟着我回房间。不要把自己和孩子太过区别对待，放轻松试一试吧。

没有比和父母一起玩电脑游戏更有趣的事情了，所有的电脑游戏只不过模拟了现实中的游戏。制定战略的乐趣，精细控制对决的乐趣，建模的乐趣，情景剧的乐趣，解开拼图的乐趣，游戏会让孩子体验到无穷无尽的乐趣。

通过游戏这个工具，我们能够观察到孩子真实的一面，让我们理解孩子的同时，还和孩子一起度过了一段温情的时光。

关怀备至的爱

教育的主要原则是关怀备至的爱。所谓关怀备至的爱，是指全心全意、毫无保留地去爱孩子。

关怀备至的爱是无条件的爱。关怀是竖直的界限，这个界限就是尊重。而爱，则是一种水平的关系。深受关爱的孩子能够清楚地认知自我。就像别人关爱自己一样，他也同样关心爱护着他人。

关怀备至的爱是不掺杂任何条件的爱。这种爱可以从孩子对父母无条件的爱中窥见一斑。与之相反，父母虽然会毫无保留、全心全意地爱孩子的全部，但每每在不自觉中会有意无意地提出一些条件。

"我给你这个，那你给我什么呀？"

"我供你吃喝，你就应该好好听话（要好好学习，让别人都羡慕我才是）。"

但孩子从来不会因为自己的妈妈不是首尔大学毕业的，就说"啊，真让人失望，她不是我妈妈"这样的话。在孩子的眼里，自己的妈妈永远是最美最棒的。

关怀备至的爱是现实生活中人类意识所能够达到的最美好、最崇高的爱。关怀备至的爱中没有割裂，没有比较。所有人都是一体的，都具有同等的价值。没有输赢之心，没有特别之处。无罪无畏，也没有评价和判断之说。

在关怀备至的爱中，一切事物都十分美丽。花在含苞待放之时、在绽放之时，甚至凋零之后，都是美丽的。所有的一切都是那样完美无缺，我们只是从完美走向完美而已。

作为父母谁都想爱自己的孩子。但是，做出全心全意爱护自己的孩子这一抉择，并将其付诸日常生活实践时，人们就会发现这很难做到。因为毫无保留、关怀备至的爱会将那些隐藏在潜意识中，并阻碍其实现的不利因素一一摆到人们面前。关怀备至的爱是人的本性，是源头，已然存在于我们的内心。因此，只要让那些障碍物消失，关怀备至的爱这一特质就会自然而然地显现出来。

人从出生那一刻起就已经懂得了爱。如果父母用全心全意的爱照亮孩子成长的道路，那么他就会重新找到自己已经熟知的爱。

我们无法用同样的话语来定义爱这一情感。因为在用语言定义的那一瞬间，它就已经悄然发生了变化。但是，所有的人都知道什么是爱，所以我们今天才能在此对它加以讨论。

爱是肉眼看不见的，是抽象的。诞生于这片土地上的孩子如果想要独立进行抽象思考，至少需要五年的成长时间。因此在他很小的时候，是通过感觉来寻找已经存在于自己内心深处的爱的。

那么他具体是通过什么样的经历、什么样的感官来感受爱的呢？孩子通常是通过以下四种经历来感觉自己受到了关怀和关爱的。

第一是确认眼神。在孩子看自己的父母时，如果父母恰好看到孩子的眼睛，孩子就会这样说："爸爸妈妈的眼睛里有一个我。"

在我早期进行演讲的时候，无论被问到什么问题，我都会用观察孩子的眼神来回答。比如，有听众问："应该给孩子送什么样的书好呢？"我会回答："观察一下孩子的眼睛你就知道了。"

孩子喜欢的书和他的眼神又有什么关系呢？如果他已经看完了那本书，那他的眼神就不会再停留在上面；如果他还没怎么看书的内容，那么就会盯着它看。通过观察孩子的眼睛，就能立刻知道他想要什么，喜欢什么。看到喜欢的书时，他的目光是那么炯炯有神。不需要去问任何人，多给孩子一些相似的书，让他变得更加喜欢自己喜欢的东西就可以了。

父母往往会觉得很羞愧，不敢看孩子的眼神。因为孩子的眼睛清澈纯真，就像一面镜子一样把父母潜意识中的想法展露无遗。

如果父母潜意识中存在羞愧，或者负罪感、无力、悲伤、恐惧、欲望、愤怒、自负等情绪，那么孩子会先于父母读懂这一切，并且会给父母创造机会摆脱这些负面情绪。

我们小的时候真的深受喜爱吗？又或者这只是我们渴望被爱

的幻想？

幻想就是相信谎言是真实的。特别是小时候虽然从物理上来说处于同一个空间，但情感上出现割裂而被抛弃的人，就很容易陷入幻想无法自拔。如果是一个有着这样经历的爸爸，那么即使他有很多个兄弟，也一定会坚持自己奉养父母。但通常并不是他事事亲力而为，而是指挥妻子来做，因此很容易造成家庭矛盾。

当然，我的意思并不是让大家不赡养、不孝顺父母。这种人之所以有上述行为，不是因为真心疼爱父母，而是长大后想要得到小时候没有得到的东西，内心深处满是愤怒。由于内心得不到满足，想被爱的渴望就愈加强烈，所以无论做出多少努力都不能填满内心的缺失。

为了进一步了解真相，我让大家努力回想，将童年时期的母亲拉至眼前。这样一来，曾经的一切就会像一幅幅画卷浮现在我们面前，通过这些画面我们就能了解这个人童年时的所有。真实发生过的事情是骗不了人的，而我们的潜意识并不认为自己是在欺骗自己。可能一开始很难回忆起什么，又或者虽然很容易就回想起来了，但因为情感备受压抑，致使我们很难抓住那一闪而过的画面。

在听到让大家回想儿时的母亲这句话的瞬间，有些人身体就起了反应，眼眶开始湿润，但大家却并不知道自己为什么会这样。甚至可能羞于在大家面前哭泣，还会强忍自己的泪水。因为这句话触碰到了我们潜意识中被压抑着的情感，大家有所触动才会哭泣。

"你看到的妈妈是什么样子的？能看到妈妈的眼神吗？妈妈看着你在微笑吗？"

如果你看到的是妈妈看着你微笑的景象，就说明你的童年备受关爱。但如果你看到的是母亲的背影或距离母亲很远，无法靠近又或者干脆想不起来当时母亲的样子，那就意味着你的内心充满压抑的愤怒，有一条难以逾越的鸿沟。哭出来，将愤怒释放出来，哀悼我们失去的，将过去彻底放下，在这一过程中不断成长，那么我们印象中母亲的形象就会变得有所不同。

第二是学会倾听。如果父母能够认真倾听孩子的心声，孩子就会觉得自己是珍贵的，就能体会到被爱的感觉。

要想学会倾听孩子的心声，就要抛开自己的主观臆断。平时我们看上去似乎是在倾听对方讲话，但深入了解后就会发现我们往往不是通过对方的话语，而是用自己过去的经验来进行判断。这种抛开主观臆断，聆听对方倾诉的能力，我们称之为"理性"。

孩子就是这样去倾听各种声音。他之所以能够十分快速地学会母语，也是因为无论是什么样的音阶，他都可以加以区分并且吸收。已经熟练掌握母语的成年人在学习英语时，通常是以母语音阶为基础来进行学习的，因此他很难达到像英语原语民那样的水平。

童年时缺乏父母倾听心声的孩子，内心情感得不到释放，常常会感到孤独。而当他为人父母后就会想要表达自己，倾诉自己的心声。在教育孩子的时候就会不听孩子说的是什么，只顾自己不断地说教、训诫、发牢骚。

特别是在这种充满负能量的家庭长大的人，他听到的一直都是无论去哪儿都不要乱说话的训诫，长大后就很难在人前吐露自己的心声，就会在羞耻心作祟下感到被孤立。而能够治愈他的就是那些善于倾听的人。当我们向某人吐露自己的心声时，如果他能够抛开主观臆断，理解和倾听我们的内心，我们就会感到心旷神怡。这种倾诉并不是为了得到某些忠告或建议。仅仅通过倾诉，通过表达自己，就能摆脱纠缠我们的自我否定和羞耻不安。

孩子比成人更善于倾听，灵敏度至少是成人的五倍。父母都知道，即使是听到小小的脚步声，也能把孩子吓一跳。耳朵灵敏的孩子能立马听出妈妈的声音里是否有压抑的怒气。哪怕妈妈声音温柔，但只要里面有压抑的愤怒，孩子就会选择性地去听自己想听的部分。那么，孩子长大以后在听别人说话时，也会只听自己想听的那部分。

为了真正学会倾听孩子的心声，我们要自觉地认识到自己并没有在认真听他倾诉这一问题，并对此加以训练。监督自己不要在孩子倾诉时不自觉地去想别的事情。要学会用温和的疑问，比如"听了你的话，妈妈是这样理解的，对吗"，有所回应地去倾听，孩子就能体会到被爱的温暖。

第三是寻求共鸣。共鸣是伴随着孩子的感情和情绪的。相随而来和被迫纠缠是完全不同的两个概念。如果看到自己的孩子伤心，妈妈也随之陷入悲伤，甚至比孩子更痛苦，那么孩子为了安慰妈妈，就会忽略掉自己的悲伤情绪，不会陷入悲伤之中无法自拔。情绪只有被感受到才会通过我们的身体消散而去。

情感是调动我们的能量。每一份情感都有它们各自的功能。羞耻心使我们内心趋于平静，即使失误也会被谅解；健康的罪责感会端正我们的行为；无力感会保护我们在危机中不被疲惫打倒；悲伤会治愈我们自身；恐惧给予我们慎重做决定的力量；欲望让我们能够去做出一番事业；愤怒会告知我们自己的欲望是否得到了满足，是否超越了界限；自豪感会通过金钱、名誉、学历等外部因素建立自己的存在依据，并暂时防止我们坠入羞耻深渊；快乐让我们明白大家是一体的，与别人分享快乐，快乐就会越来越多；幸福让人懂得分享的意义。

正因为情感所附带的功能如此多变，我们也可以说情感是没有绝对负面的，也没有绝对积极的。与其说它们是负面情感，不如说是防御性情感。它们是来回徘徊的、生动鲜活的。如果妈妈的内心深藏被压抑着的情感，就很难与孩子产生共鸣，并且会在自己都不知道的万分之一秒内陷入压抑情感的旋涡。如果不想深陷其中，就要尽快治愈自己受伤的内心。所以要想与孩子产生共鸣，妈妈的内心就不能遍布伤痕。

所有的孩子都会哭。哭泣对孩子来说是一种沟通的方法。因为肚子饿了、困了，还是因为不舒服而哭呢？妈妈要好好分辨孩子哭泣的声音，寻找与孩子的共鸣，及时满足他的要求。这样孩子就会很快停止哭泣，也不会经常哭闹。

有的妈妈为了让孩子快点停止哭闹，只要一哭，就立马去安慰。孩子就会冲妈妈喊："妈妈，你出去！"但当妈妈真的要出去的时候，孩子又会哭着说："妈妈，不要走。"这时候妈妈就会左右为难，这样也不行那样也不行。这一类妈妈往往是在给孩子传递一种不要去体会自己情感的信息。孩子接收到这个信息，觉得不舒服，才会让妈妈出去；但如果妈妈真的离开，他又有一种被抛弃的感觉，所以又让妈妈不要走。孩子想从妈妈那里听到的应该是这样的话："尽情地哭吧，妈妈会陪在你身边。哭出来心情就会好了。哭完如果你想让妈妈安慰你，我会给你个大大的拥抱。"

有的妈妈也会在孩子哭时，训斥他："停！不要哭了。"因为如果孩子哭了，她会觉得好像是自己做错了什么，会觉得孩子的哭声听起来是那么不舒服。我小时候一哭，妈妈也会冲我说："停！"想尽各种办法不让孩子再哭闹，有时甚至会咳嗽或呕吐。

那时未曾发泄出来的那些眼泪去了哪里呢？这些悲伤会被压抑着，埋葬在潜意识中，在日后他结婚生子、为人父母后，再次爆发出来。

如果妈妈没有把自己积攒的那些眼泪全部发泄出来，那么孩子也会一直哭，他还会主动将妈妈内心深处压抑的情感引导出来。当妈妈抚平伤痛，能够真正地和孩子产生共鸣的时候，他也就自然而然地不再哭闹了。

情绪是一种表现手段，它让我们了解到孩子喜欢什么、讨厌什么、自己想要的是什么、现在想怎么做。因此，虽然我们要警惕并限制那些危险的或者会伤害到别人的行为，但是必须把情绪尽可能地表达出来。

"妈妈，我现在很伤心。"

"妈妈你生气了。"

像这样孩子学会了表达自己的感情，长大后就不会随意攻击别人。

实际上，我们不可能因为某些人而生气。之所以会生气，是因为他们的言行触动了我们内心深处的情感，我们选择用愤怒这一情绪表达出来而已。

所谓"因为某人而生气"是指自己没有自由意志，让对方承担全部责任。也就是说，是通过投射进行攻击。"滚"这句话并不是表达我的情感，而是指示对方"这样做，那样做"的攻击性行为，所以会给别人造成伤害。

当今社会，我们仍然不能自如地表达自己的情绪。千方百计让你无法哭泣，甚至在歌曲中都会出现不要让孩子哭泣的字眼。

"不能哭，不能哭。圣诞老人说不会给哭闹的孩子送礼物。"

为什么不能哭呢？为了收到礼物就不能哭吗？如果不能哭，那我们很容易就会得抑郁症，就会早早地离开这个世界。

女人哭在一定程度上是被允许的。但是对于男人来说，不允许哭的情感压力要远远大于女人。

"男人不能像女孩子那样哭哭啼啼。"

"男人只有在父母去世的时候才能哭。"

往往是那些不被允许哭泣的事情，才是导致一个健康的男人突然倒下的原因。只是哭一哭，就会减轻一定的情感压力和负担，从而摆脱那种无力的感觉。

人们也常说不要生气。生气其实给人们提供了一条明确的界限，会生气发火的人才是值得信任的人。因为生气是"不要越过我的界限，但我想和你保持良好关系"的表现。所以生气就算时间长也不会超过一分钟，如果超过了一分钟，就会变成被压抑的愤怒。愤怒会在一瞬间爆发，杀伤力比较大，会给对方造成一定伤害。

愤怒大概有十六种不同的形态。经常发脾气就是其中一种。

负罪感也是伪装的一种愤怒。原本对父母发一次脾气就会消失的情绪，在不允许生气的环境下强压下来就会变成愤怒。这份愤怒归结到自己身上就成了负罪感。因此，如果能快速消除愤怒情绪，那么负罪感也会随之减轻。

如果自己太过斯文，不会发火，那么也有一种愤怒的表现，就是刺激对方让其代替自己生气。璞润妈妈以前就会经常这样对我。那时候我对情绪毫无研究，也不明白她为什么会这样，因此经常会被气得不开心。

例如，我心情愉快地回到家里，璞润妈妈就会这样问："你生气了吗？"

"没有啊，我没生气。"

"但我怎么觉得你好像生气了？"

"不是说了没有吗，我没生气。"

"你就是生气了。"

"你要让我说几遍？我没生气！"

这样一番对话下来，我气得直喘粗气，璞润妈妈的心情反而变得更好。只有我变成了奇奇怪怪乱发火的人，她自己反而成了斯文大方、不爱发火的人。可能每个家庭里都会有这样的人，但我现在绝对不会被这种愤怒牵着鼻子走了。

内心冰冷也是愤怒的一种。比如说和丈夫吵架了，这时孩子过来向你提出一个请求，那么你通常都不会有心情去满足孩子。因为这时候你的内心是冰冷的。

想哭的时候能哭出来，愤怒的时候不去伤害别人，能安全地发泄出来，生活就会变得很轻松。

第四是放空身体，陪孩子玩耍。父母温暖的怀抱能让孩子茁壮成长，拥抱与生存息息相关。

第二次世界大战时，伦敦遭到德国军队的连番轰炸，为此伦敦市民将孩子们转移到安全的地方，并在饮食和卫生方面倍加小心，但是仍然有很多孩子得病死去。为了找出原因，人们进行了多项研究，最终发现，当保育员抱着孩子们给他们喂奶粉时，居高不下的死亡率反而下降了。

孩子小时候被父母背着或抱着，或者父母和孩子亲密地在一起，对孩子的情绪养成十分有益。璞润小时候，我就经常会脱掉上衣拥抱他。璞润妈妈也是，如果化了妆，就没办法和孩子脸贴脸以示亲昵，所以在璞润小的时候，她几乎没有化过妆。

孩子是在玩耍的过程中学习经验的。如果小时候有父母陪着一起玩耍的经历，那么为人父母后，他就会自然而然地和自己的孩子一起玩。有很多父亲觉得陪孩子玩是一件很累的事情，陪孩子玩超过 5 分钟就觉得还不如出去赚钱轻松。如果你的丈夫是这样的人，请不要埋怨他，他只是因为小时候没有父母陪着玩耍的经历，所以才不知道怎么和孩子玩耍。

他觉得陪孩子玩是一件枯燥乏味的事情，认为只要能赚钱养家糊口就是尽到了做父亲的义务。虽然和孩子一起玩耍的方法可以学习，但是在游戏过程中，往往会意识到自己小时候并没有得到足够的关爱这一事实，这时候他就会用无聊或疲惫为借口对此进行防御。

当然，肩负起养家糊口责任的，也是一个好父亲。但不管怎样，他内心深处都是希望既能赚钱养家，又可以和妻子儿女甜蜜幸福地生活在一起。

孩子是不会等着爸爸成长的。如果爸爸在孩子小时候没有和孩子建立起亲密感，那么他长大成人后想要增进彼此之间的亲密度，就必须付出加倍的努力。虽然与孩子之间的亲密感可以在其成人后建立起来，但至少要通过十年的努力才能做到。所以，在孩子小的时候，爸爸要多花时间陪孩子玩耍。小时候只要多抚摸、拥抱孩子，陪着孩子一起玩耍，就能自然而然地形成亲密感。养育孩子不应该只是妈妈的工作，爸爸和妈妈一起实际参与到孩子的教育中，更能给孩子带来深深的满足和幸福。

用关怀备至的爱抚养孩子的九个要素

（1）用充满爱的眼神看着孩子，孩子就会知道自己是高贵而又庄严的。

（2）去倾听。

（3）去理解孩子。

（4）给予孩子温暖的拥抱。

（5）和孩子尽情地在野外奔跑。

（6）和孩子进行沟通，和孩子产生共鸣。

（7）保护孩子的界限。

（8）不要将孩子和他人进行比较，保护孩子的固有特征。

（9）将孩子培养成具有独立人格的人。

结语

我们的本性是爱

继《如果不想对自己爱的孩子发火》八年之后，此次编写了《璞润爸爸的镜子育儿法》。从 1999 年的《璞润是这样成长为天才的》开始，我们夫妇一共编写了七本书。

过去的二十四年里，我发表了 5000 次以上的演讲，并与数十万的父母进行了交谈。我把他们分享给我的经验记录下来，写成了本书。在此，感谢他们。

最初，我从璞润教育如何培养孩子养成读书的好习惯出发，现在，"读书育儿"这个概念在社会上得到了普及。孩子通过读书，成长为智力与情感和谐统一的人才。我亲眼看着这些孩子逐渐成长为未来社会的主力，感到很幸福。他们的父母看到孩子的成长和成才，也都觉得非常感激。

璞润教育的根本性理念是关怀备至的爱。关怀备至的爱就是无条件地去爱孩子本身的样子。在关怀备至的爱中成长的孩子，能够成长为闪闪发光的人——也就是"具有无限潜能的人"。这样的孩子会认为自己是高贵的，是庄严的。是光明，是爱。

孩子身上的光芒与爱，不论过去还是现在，都是一直存在的，但父母忘记了这个真相，孩子就像镜子一样照亮了父母内心深处的阴影。勇于面对自己身上的阴影的父母，才会知道自己是谁，在抚养孩子的过程中，自己也获得成长。

关怀备至的爱作为一种高意识层级，能让我们发现实现关怀备至的爱之前遇到的所有阻碍。

本书讲述的是通过育儿获得成长的过程。针对如何通过育儿治疗受伤的"内在小孩"，获得平静、快乐、自由和幸福，分享了一些经验，是把抽象的期待，转化成实际行动的经验传授。

在抚养璞润、楚绿两个孩子的过程中，我和妻子收获了很多幸福。在过去的三十年间，从培养天才、实践读书育儿的璞润爸爸，到治愈受伤的"内在小孩"的专家崔熙树，我经历了一个无比漫长的过程。

我把自己想明白这一点的整个过程，整理之后编撰成书，希望能够为社会做出哪怕是很小的贡献。

如果去实践关怀备至的爱，那么家庭就会变得和睦，甚至还会积累很多的财富。在关怀备至的爱之下长大的孩子，会像自己被爱着的那样去爱别人，去关怀别人。如果这些孩子长大之后能够成为社会发展的主力，那么社会、民族、国家，乃至全世界，将会变得多么美好呀——所有的人都会在对方关怀备至的爱之下，和对方成为朋友。

希望本书可以为创建如此美好的社会贡献一分力量，祝福阅读此书的所有人都能获得幸福。

璞润教育研究所所长
璞润爸爸崔熙树

去面对自己身上的阴影的父母
因为爱自己的孩子，所以愿意寻找自己的本体
在抚养孩子的过程中父母也会得到成长

如果能够用关怀备至的爱去爱孩子原本的样子
那么孩子就会认为自己就是爱的化身